공부력

Q 왜 공부력을 키워야 할까요?

쓰기력

정확한 의사소통의 기본기이며 논리의 바탕

연필을 잡고 종이에 쓰는 것을 괴로워한다!
맞춤법을 몰라 정확한 쓰기를 못한다!
말은 잘하지만 조리 있게 쓰는 것이 어렵다!
그래서 글쓰기의 기본 규칙을 정확히 알고
써야 공부 능력이 향상됩니다.

어휘력

교과 내용 이해와 독해력의 기본 바탕

어휘를 몰라서 수학 문제를 못 푼다!
어휘를 몰라서 사회, 과학 내용 이해가 안 된다!
어휘를 몰라서 수업 내용을 따라가기 어렵다!
그래서 교과 내용 이해의 기본 바탕을
다지기 위해 어휘 학습을 해야 합니다.

독해력

모든 교과 실력 향상의 기본 바탕

글을 읽었지만 무슨 내용인지 모른다!
글을 읽고 이해하는 데 시간이 오래 걸린다!
읽어서 이해하는 공부 방식을 거부하려고 한다!
그래서 통합적 사고력의 바탕인 독해 공부로
교과 실력 향상의 기본기를 닦아야 합니다.

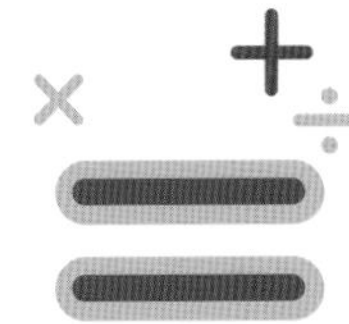

계산력

초등 수학의 핵심이자 기본 바탕

계산 과정의 실수가 잦다!
계산을 하긴 하는데 시간이 오래 걸린다!
계산은 하는데 계산 개념을 정확히 모른다!
그래서 계산 개념을 익히고 속도와 정확성을
높이기 위한 훈련을 통해 계산력을 키워야 합니다.

세상이 변해도 배움의 즐거움은 변함없도록

시대는 빠르게 변해도
배움의 즐거움은
변함없어야 하기에

어제의 비상은
남다른 교재부터
결이 다른 콘텐츠
전에 없던 교육 플랫폼까지

변함없는 혁신으로
교육 문화 환경의 새로운 전형을
실현해왔습니다.

비상은 오늘, 다시 한번
새로운 교육 문화 환경을 실현하기 위한
또 하나의 혁신을 시작합니다.

오늘의 내가 어제의 나를 초월하고
오늘의 교육이 어제의 교육을 초월하여
배움의 즐거움을 지속하는 혁신,

바로, 메타인지 기반 완전 학습을.

상상을 실현하는 교육 문화 기업 비상

메타인지 기반 완전 학습

초월을 뜻하는 meta와 생각을 뜻하는 인지가 결합한 메타인지는 자신이 알고 모르는 것을 스스로 구분하고 학습계획을 세우도록 하는 궁극의 학습 능력입니다. 비상의 메타인지 기반 완전 학습 시스템은 잠들어 있는 메타인지를 깨워 공부를 100% 내 것으로 만들도록 합니다.

완자

공부력

초등 국어
독해 2A

초등 국어 독해
1A, 1B, 2A, 2B 글감 구성

국어 교과 글감

1학년 수준		
말하기	1A	**01** 나를 소개합니다
	1B	**01** 우리 가족을 소개합니다
	1B	**02** 친구들을 소개합니다
문학	1A	**10** 바람을 타고 날아가 버린 말
	1A	**11** 임금님 귀는 당나귀 귀
	1A	**19** 포도밭에 숨긴 보물
	1B	**06** 무쇠 방망이를 가는 할아버지
	1B	**11** 내 친구 아기 고양이
	1B	**17** 뿌리를 줄까, 잎을 줄까
	1B	**20** 미다스 왕의 손
쓰기	1A	**02** 범인은 바로 망고
	1B	**07** 호그와트 마법 학교

2학년 수준		
문법	2A	**04** 어떤 글자를 쓸까요
	2B	**03** 상황에 맞는 말
문학	2A	**05** 세 농부 이야기
	2A	**15** 냄새 맡은 값
	2A	**20** 공주를 구한 삼 형제
	2B	**06** 태양을 사랑한 금잔화
	2B	**20** 거울 속에는
읽기	2A	**18** 단군 신화로부터 얻은 교훈
	2B	**15** 콜럼버스의 달걀

사회 교과 글감

1학년 수준		
사회·문화	1A	**09** 무엇을 가지고 일할까
	1B	**09** 태극기가 궁금해
	1B	**10** 우리의 옷, 한복
	1B	**14** 공휴일은 노는 날?
	1B	**16** 나이는 한 그릇
	1B	**19** 이 음식은 언제 먹을까
생활	1A	**03** 장난감이 위험해
	1A	**06** 친구들 앞에서 발표해요
	1A	**12** 안전띠를 안전하게 매요
	1A	**13** 신호등을 알아봐요
	1A	**16** 길에서 개를 만나면
	1B	**03** 무궁화꽃이 피었습니다
	1B	**13** 이 옷이 딱이야
지리	1A	**17** 진흙 속으로 풍덩

2학년 수준		
사회·문화	2B	**16** 동양의 용, 서양의 드래곤
	2B	**17** 나라마다 다른 국기
경제	2A	**10** 저금을 해요
역사	2A	**14** 도깨비가 아니라니
	2B	**04** 세종 대왕님 편찮으세요?
	2B	**10** 서울의 상징 해치
	2B	**14** 나뭇가지에서 동전이

과목별 공부 영역을 반영한 글감을 통해
풍부한 배경지식과 독해 실력을 키워요!

과학 교과 글감

		1학년 수준
보건	1A	**04** 더위는 먹는 게 아니야
	1A	**18** 독감은 감기가 아니라고
생물	1A	**05** 커서 무엇이 될까요
	1A	**07** 새우는 왜 빨개질까
	1A	**08** 수박은 제철이 있다고요
	1A	**14** 물이 없어도 괜찮아
	1A	**15** 곰은 겨울에 잠을 잔대요
	1B	**04** 바다에 말이 산다고?
	1B	**05** 겨울에 만나요
	1B	**08** 진달래와 철쭉, 뭐가 달라?
	1B	**12** 짜디짠 눈물
	1B	**15** 만지면 잎이 움직인다고?
	1B	**18** 이끼는 무슨 일을 할까

		2학년 수준
보건	2A	**11** 올바른 약 먹기
	2A	**19** 어디가 아파요?
생물	2A	**01** 눈썹은 왜 있는 거야
	2A	**02** 잠은 왜 잘까
	2A	**08** 올챙이가 개구리가 돼요
	2A	**09** 말하는 돌고래
	2A	**12** 가을엔 왜 단풍이 들까
	2A	**13** 가짜 꽃과 진짜 꽃
	2A	**16** 방귀, 참지 말자
	2A	**17** 모기의 이중생활
	2B	**01** 봄꽃을 찾아라
	2B	**02** 동물들의 특징이 궁금해
	2B	**05** 철새의 이동
	2B	**07** 산호는 식물일까
	2B	**11** 어떤 색의 음식이 필요해?
	2B	**13** 코딱지는 왜 생길까
	2B	**19** 똥, 어디까지 알고 있니
지구과학	2B	**08** 왜 나라마다 시간이 다를까
화학	2A	**07** 아이스크림을 만들어요
	2B	**09** 향수의 향기가 바뀌어요
	2B	**12** 비누는 어떻게 때를 뺄까
	2B	**18** 조심해요, 화장품

수학 교과 글감

		1학년 수준

		2학년 수준
시간	2A	**03** 20시는 몇 시일까

예체능 교과 글감

		1학년 수준
체육	1A	**20** 공으로 경기해요

		2학년 수준
체육	2A	**06** 걷기도 운동이야

특징과 활용법

하루 4쪽 공부하기

✳ 글을 읽고 문제를 풀면서 독해 능력을 키워요.

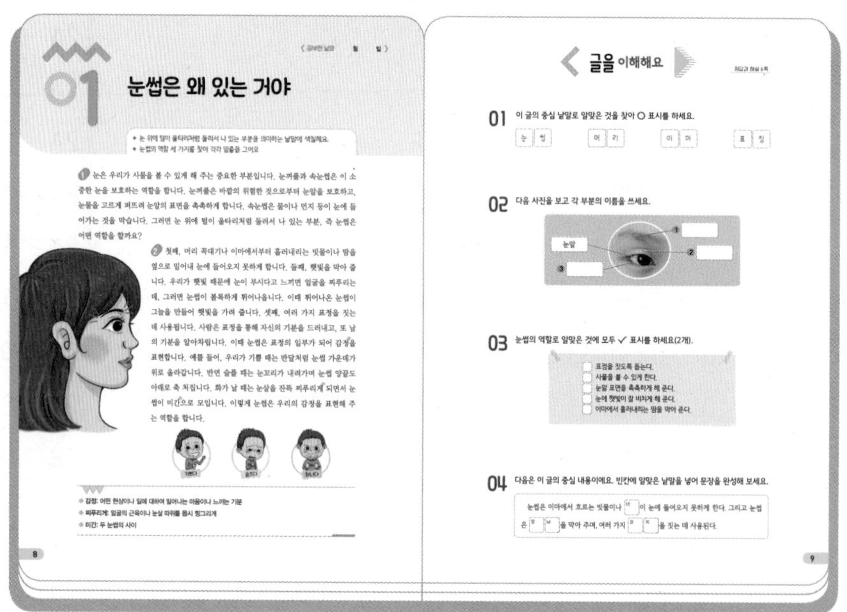

✳ 글에 나온 어휘를 다양한 문제를 통해 재미있게 익혀요.

어휘를 익혀요

01 따라 쓰며 낱말의 뜻을 찾아 바르게 연결해 보세요.

02 빈칸에 들어갈 알맞은 낱말을 보기에서 찾아 쓰세요.

03 갈림길에 낱말의 뜻이 적혀 있어요. 해당하는 낱말을 골라 민재에게 집으로 가는 길을 안내해 주세요.

- 책으로 하루 4쪽 공부하며, 초등 독해력을 키워요!
- 모바일앱으로 공부한 내용을 복습하고 몬스터를 잡아요!

공부한 내용 확인하기

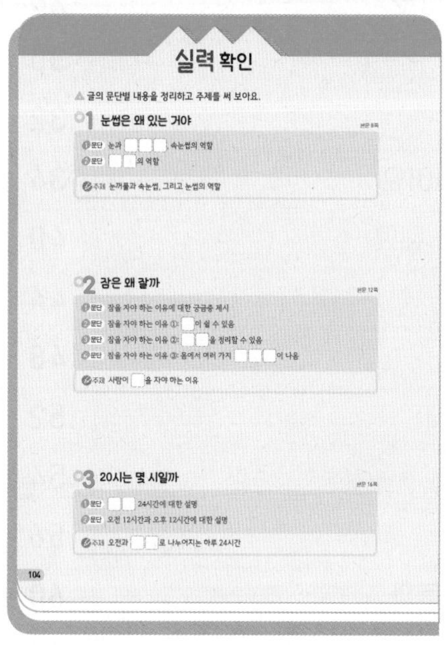

실력 확인

글의 문단별 내용을 정리하고 주제를 써 보아요.

1 눈썹은 왜 있는 거야

1문단 눈과 ☐☐☐, 속눈썹의 역할
2문단 ☐☐의 역할
주제 눈꺼풀과 속눈썹, 그리고 눈썹의 역할

2 잠은 왜 잘까 (본문 12쪽)

1문단 잠을 자야 하는 이유에 대한 궁금증 제시
2문단 잠을 자야 하는 이유 ①: ☐이 쉴 수 있음
3문단 잠을 자야 하는 이유 ②: ☐☐을 정리할 수 있음
4문단 잠을 자야 하는 이유 ③: 몸에서 여러 가지 ☐☐☐이 나옴
주제 사람이 ☐을 자야 하는 이유

3 20시는 몇 시일까 (본문 16쪽)

1문단 ☐☐ 24시간에 대한 설명
2문단 오전 12시간과 오후 12시간에 대한 설명
주제 오전과 ☐☐로 나누어지는 하루 24시간

104

✳ 20일 동안 공부한 내용을 정리해 보며 자기의 실력을 확인해요.

모바일앱으로 복습하기

앱 다운받기

책 인증하기

✳ 그날 배운 내용을 바로바로, 또는 주말에 모아서 복습하고, 다이아몬드 획득까지! 공부가 저절로 즐거워져요!

차례

우리도 하루 4쪽 공부 습관!
스스로 공부하는 힘을
키워 볼까요?

큰 습관이
지금은 그 친구를 이끌고 있어요.
매일매일의 좋은 습관은 우리를 좋은
곳으로 이끌어 줄 거예요.

한 친구가
작은 습관을 만들었어요.

매일매일의 시간이 흘러
작은 습관은 큰 습관이 되었어요.

01 눈썹은 왜 있는 거야

◆ 눈 위에 털이 울타리처럼 둘러서 나 있는 부분을 의미하는 낱말에 색칠해요.
◆ 눈썹의 역할 세 가지를 찾아 각각 밑줄을 그어요.

1 눈은 우리가 사물을 볼 수 있게 해 주는 중요한 부분입니다. 눈꺼풀과 속눈썹은 이 소중한 눈을 보호하는 역할을 합니다. 눈꺼풀은 바깥의 위험한 것으로부터 눈알을 보호하고, 눈물을 고르게 퍼뜨려 눈알의 표면을 촉촉하게 합니다. 속눈썹은 물이나 먼지 등이 눈에 들어가는 것을 막습니다. 그러면 눈 위에 털이 울타리처럼 둘러서 나 있는 부분, 즉 눈썹은 어떤 역할을 할까요?

2 첫째, 머리 꼭대기나 이마에서부터 흘러내리는 빗물이나 땀을 옆으로 밀어내 눈에 들어오지 못하게 합니다. 둘째, 햇빛을 막아 줍니다. 우리가 햇빛 때문에 눈이 부시다고 느끼면 얼굴을 찌푸리는데, 그러면 눈썹이 볼록하게 튀어나옵니다. 이때 튀어나온 눈썹이 그늘을 만들어 햇빛을 가려 줍니다. 셋째, 여러 가지 표정을 짓는 데 사용됩니다. 사람은 표정을 통해 자신의 기분을 드러내고, 또 남의 기분을 알아차립니다. 이때 눈썹은 표정의 일부가 되어 감정을 표현합니다. 예를 들어, 우리가 기쁠 때는 반달처럼 눈썹 가운데가 위로 올라갑니다. 반면 슬플 때는 눈꼬리가 내려가며 눈썹 양끝도 아래로 축 처집니다. 화가 날 때는 눈살을 잔뜩 찌푸리게 되면서 눈썹이 미간으로 모입니다. 이렇게 눈썹은 우리의 감정을 표현해 주는 역할을 합니다.

◆ **감정**: 어떤 현상이나 일에 대하여 일어나는 마음이나 느끼는 기분
◆ **찌푸리게**: 얼굴의 근육이나 눈살 따위를 몹시 찡그리게
◆ **미간**: 두 눈썹의 사이

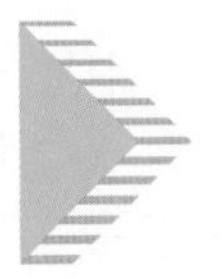

정답과 해설 6쪽

01 이 글의 중심 낱말로 알맞은 것을 찾아 ○ 표시를 하세요.

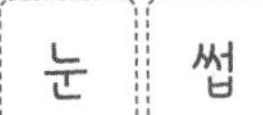

머 리　　이 마　　표 정

02 다음 사진을 보고 각 부분의 이름을 쓰세요.

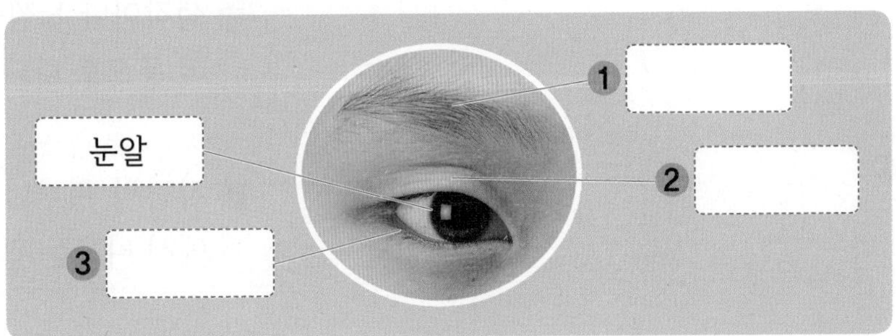

03 눈썹의 역할로 알맞은 것에 모두 ✓ 표시를 하세요(2개).

- [ ] 표정을 짓도록 돕는다.
- [ ] 사물을 볼 수 있게 한다.
- [ ] 눈알 표면을 촉촉하게 해 준다.
- [ ] 눈에 햇빛이 잘 비치게 해 준다.
- [ ] 이마에서 흘러내리는 땀을 막아 준다.

04 다음은 이 글의 중심 내용이에요. 빈칸에 알맞은 낱말을 넣어 문장을 완성해 보세요.

눈썹은 이마에서 흐르는 빗물이나 [ㄸ]이 눈에 들어오지 못하게 한다. 그리고 눈썹은 [ㅎ][ㅂ]을 막아 주며, 여러 가지 [ㅍ][ㅈ]을 짓는 데 사용된다.

어휘를 익혀요

01 따라 쓰며 낱말의 뜻을 찾아 바르게 연결해 보세요.

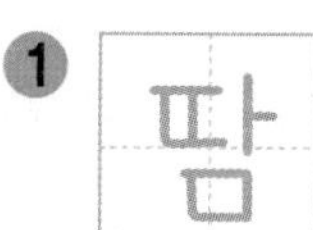

1 땀 •　　• ㄱ 해의 빛

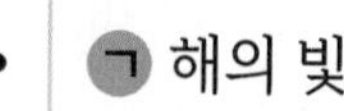

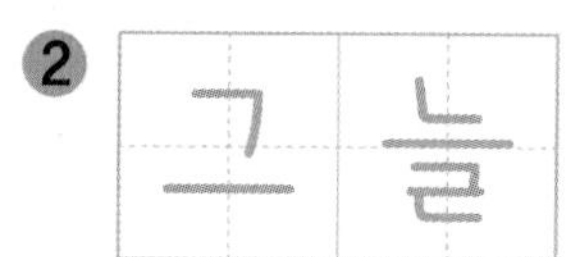

2 그늘 •　　• ㄴ 어두운 부분

3 먼지 •　　• ㄷ 생각이나 느낌을 말이나 글, 소리 등으로 나타냄

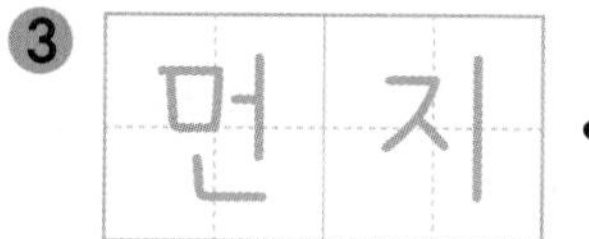

4 표현 •　　• ㄹ 사람의 피부나 동물의 살가죽에서 나오는 찝찔한 액체

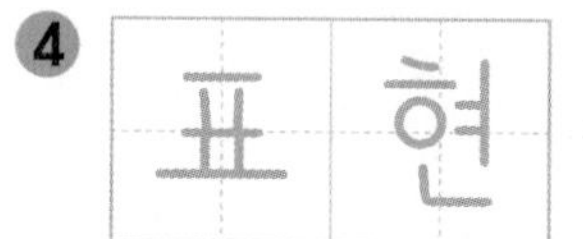

5 햇빛 •　　• ㅁ 공중에 떠다니거나 물체 위에 쌓이는, 가루처럼 작고 가벼운 물질

02 보기에서 알맞은 낱말을 골라 다음 문장을 바르게 완성하세요.

보기

감정　　미간　　빗물　　볼록(하다)　　찌푸리(다)

1 햇빛에 눈이 부셔서 [　][　]을 찡그렸다.

2 몹시 화가 났지만 [　][　]을 억누르려고 애썼다.

3 예의 없는 사람들을 보면 눈살을 [　][　][　]게 된다.

03 갈림길에 낱말의 뜻이 적혀 있어요. 해당하는 낱말을 골라 민재에게 집으로 가는 길을 안내해 주세요.

02 잠은 왜 잘까

◆ 눈이 감긴 채 우리 몸이 쉬는 상태를 의미하는 낱말에 색칠해요.
◆ 사람이 잠을 자야 하는 이유 세 가지에 각각 밑줄을 그어요.

1 밤만 되면 하품이 나고 눈이 스르륵 감깁니다. 그리고 우리는 곧 잠이 듭니다. 그런데 사람은 왜 잠을 잘까요? 과학자들은 꾸준한 연구를 통해 사람이 잠을 자야 하는 많은 이유를 밝혀냈습니다. 그중 몇 가지 이유를 살펴봅시다.

2 먼저 몸을 쉬게 하려고 잠을 잡니다. 우리가 깨어 있는 동안에 우리의 몸은 계속 움직입니다. 그래서 깨어 있는 동안 몸은 점점 피곤해집니다. 그런데 잠을 자는 동안에는 몸이 긴장을 풀고 쉴 수 있습니다. 그래서 우리 몸은 자면서 다음 날 움직일 힘을 얻습니다.

3 또 뇌는 우리가 잠을 자는 동안 기억을 정리합니다. 우리는 하루 종일 많은 것을 보고 듣습니다. 만약 이 모두를 기억한다면 머리가 꽉 차 버릴 것입니다. 그래서 뇌는 우리가 자는 동안 기억을 골라냅니다. 나쁜 기억이나 필요하지 않은 기억은 버리고, 중요한 기억은 오래 기억할 수 있도록 잘 저장하는 것입니다.

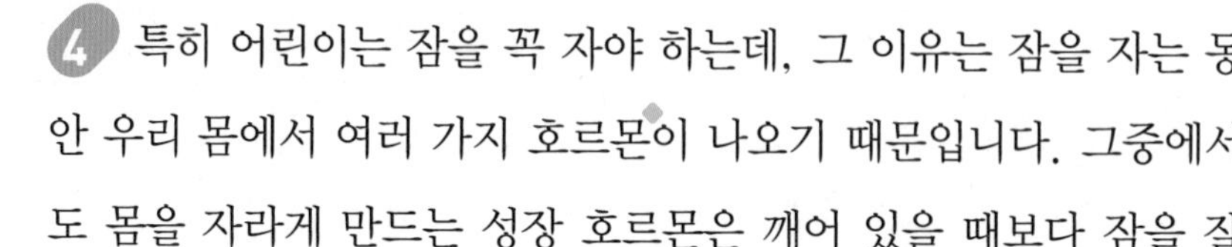

4 특히 어린이는 잠을 꼭 자야 하는데, 그 이유는 잠을 자는 동안 우리 몸에서 여러 가지 호르몬이 나오기 때문입니다. 그중에서도 몸을 자라게 만드는 성장 호르몬은 깨어 있을 때보다 잠을 잘 때에 훨씬 많이 나옵니다. 그러므로 튼튼하게 쑥쑥 자라고 싶다면 잠을 푹 자야 한답니다.

◆ **긴장**: 마음을 놓지 않고 정신을 바짝 차림
◆ **기억**: 어떤 일을 잊지 않고 머릿속에 새겨 두거나 그것을 되살려 생각해 냄
◆ **호르몬**: 생물의 몸 안에서 만들어져 몸 안의 조직이나 활동을 조절하는 물질

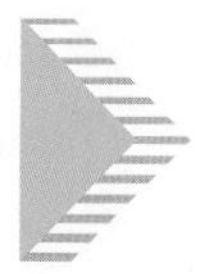

정답과 해설 8쪽

01 이 글의 중심 낱말로 알맞은 것을 찾아 ○ 표시를 하세요.

몸   밤   잠   기억   머리

02 잠을 자야 하는 이유가 아닌 것은 무엇인가요? [   ]

① 몸이 휴식할 수 있어서
② 잘 때 꿈을 많이 꿀 수 있어서
③ 우리 몸을 자라게 하는 물질이 나와서

03 다음은 우리가 자는 동안 뇌가 하는 일을 나타낸 그림이에요. 빈칸에 들어갈 알맞은 말을 보기에서 골라 쓰세요.

04 다음은 이 글의 중심 내용이에요. 빈칸에 알맞은 낱말을 넣어 문장을 완성해 보세요.

잠을 자면 [ㅁ]이 쉴 수 있고, 뇌가 중요한 [ㄱ][ㅇ]을 저장할 수 있다. 또한 자는 동안 우리 몸에서 여러 가지 [ㅎ][ㄹ][ㅁ]이 나오므로 잠을 꼭 자야 한다.

어휘를 익혀요

01 따라 쓰며 낱말의 뜻을 찾아 바르게 연결해 보세요.

1 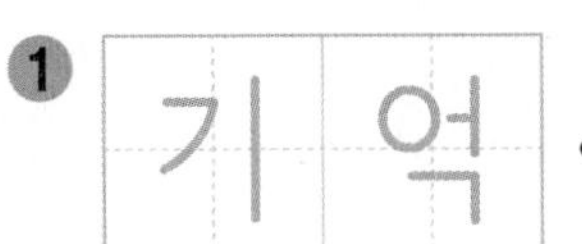

2 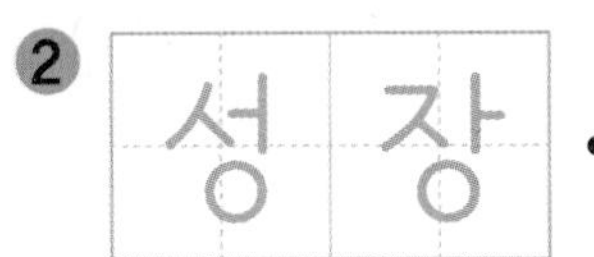

3 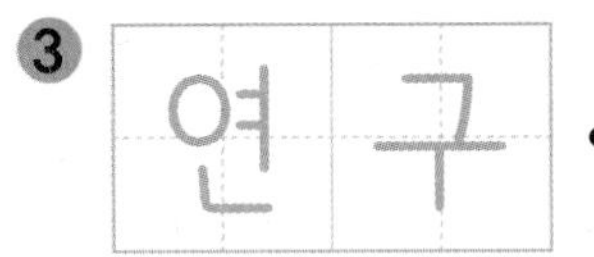

4 이유

5 하품

ㄱ 어떤 일이 일어나게 된 사정

ㄴ 사람이나 동식물이 자라서 점점 커짐

ㄷ 어떤 일을 잊지 않고 머릿속에 새겨 두거나 그것을 되살려 생각해 냄

ㄹ 어떤 일이나 대상을 깊이 조사하고 생각하여 이치나 사실을 밝혀내는 일

ㅁ 졸리거나 피곤하거나 지루할 때, 저절로 입이 크게 벌어지면서 하는 깊은 호흡

02 빈칸에 들어갈 알맞은 낱말을 보기에서 찾아 쓰세요.

보기

기억 긴장 연구 과학자 호르몬

1 제때 잠을 자야 성장 ☐☐☐이 나온다.

2 너무 오래된 일이라 그때가 언제였는지 ☐☐이 나지 않는다.

3 선생님께서는 교무실에 불려 온 나에게 ☐☐을 풀고 편하게 앉으라고 하셨다.

정답과 해설 9쪽

03 다음 어휘 카드에 적힌 뜻을 읽고, 그 뜻에 알맞은 낱말을 골라 ✓ 표시를 하세요.

1. 몸이나 마음이 지치어 고달픔 — □ 상쾌 □ 피곤

2. 피로를 풀려고 몸을 편안히 두다. — □ 놀다 □ 쉬다

3. 사람이나 동식물이 자라서 점점 커짐 — □ 긴장 □ 성장

4. 생물의 몸이 커지고 성숙한 상태가 되다. — □ 자다 □ 자라다

5. 사람이나 동물의 머릿속에 들어 있어, 온몸의 신경을 지배하는 중심적인 기관 — □ 뇌 □ 심장

20시는 몇 시일까

◆ 시계를 보면 알 수 있는 것을 찾아 색칠해요.
◆ 오전과 오후의 의미에 각각 밑줄을 그어요.

1 하루는 몇 시간일까요? 시계를 머릿속에 떠올려 봅시다. 시계의 짧은바늘이 1부터 12까지 쓰인 숫자를 가리키면 각각 1시, 2시, 3시……12시입니다. 이렇게 시계의 짧은바늘이 시계를 두 바퀴 돌면 하루가 지나갑니다. 그래서 하루는 24시간입니다.

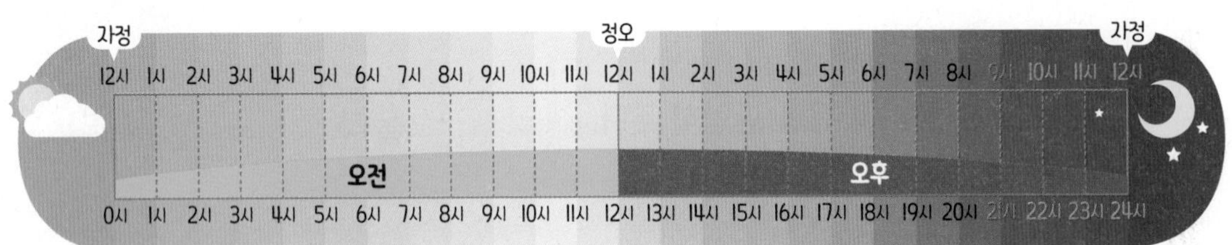

2 하루는 오전 12시간과 오후 12시간으로 나누어집니다. 한편, 밤 12시는 하루의 끝이자 다음 날의 시작이 되는 시간입니다. 그래서 밤 12시는 '0시'라고도 부릅니다. '자정'이라고 부르기도 하고요. 이와 비슷하게 낮 12시를 '정오'라고 부르기도 하지요. 또 자정부터 정오까지를 '오전'이라고 하고, 정오부터 자정까지를 '오후'라고 합니다. 그래서 우리는 낮 12시 다음에 오는 1시를 오후 1시라고 합니다. 또 오후 1시를 24시간으로 표시하여 '13시'라고도 합니다. 그러면 20시는 오후 몇 시일까요? 바로 오후 8시입니다.

◆ **가리키면**: 손가락 따위로 어떤 방향이나 대상을 집어서 보이거나 말하거나 알리면
◆ **오전**: 밤 12시부터 낮 12시까지의 시간
◆ **오후**: 낮 12시부터 밤 12시까지의 시간

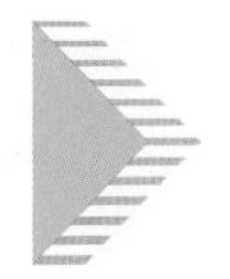

글을 이해해요

정답과 해설 10쪽

01 이 글의 중심 낱말로 알맞은 것을 찾아 ○ 표시를 하세요.

바 늘 　 숫 자 　 시 간 　 자 정

02 하루의 시간에 대한 설명으로 알맞지 않은 것은 무엇인가요? []

① 하루의 시작은 낮 12시이다.
② 낮 12시는 '정오'라고 부른다.
③ 밤 12시는 '자정'이라고 부른다.

03 다음은 24시간으로 시각을 표시하는 시계예요. 친구들이 말한 시각이 맞으면 ○, 틀리면 ✕ 표시를 하세요.

(　) (　) (　)

04 다음은 이 글의 중심 내용이에요. 빈칸에 알맞은 낱말을 넣어 문장을 완성해 보세요.

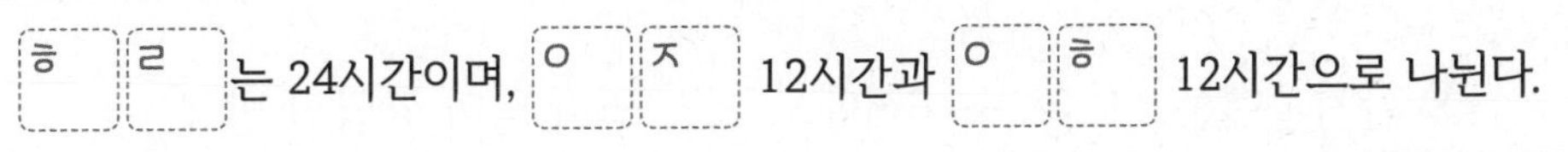

ㅎ ㄹ 는 24시간이며, ㅇ ㅈ 12시간과 ㅇ ㅎ 12시간으로 나뉜다.

어휘를 익혀요

01

따라 쓰며 낱말의 뜻을 찾아 바르게 연결해 보세요.

1 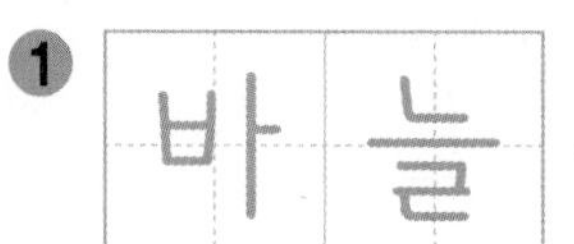
바늘

2 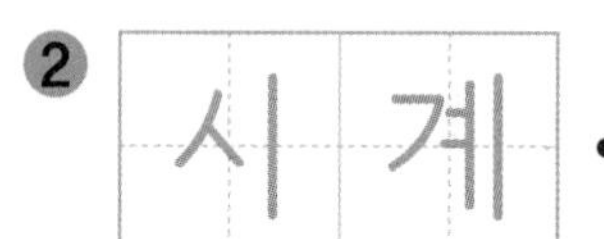
시계

3 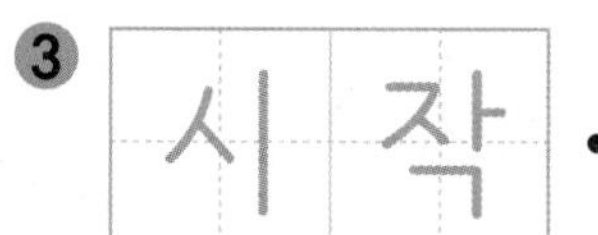
시작

4 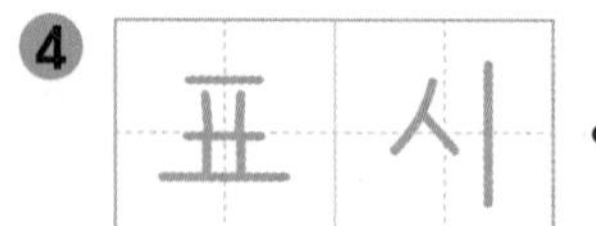
표시

5 하루

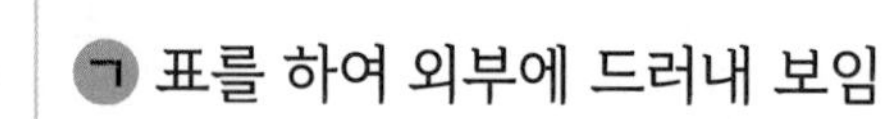
ㄱ 표를 하여 외부에 드러내 보임

ㄴ 어떤 일이나 행동의 처음 단계

ㄷ 자정에서 다음 날 자정까지의 동안

ㄹ 시간을 재거나 시각을 나타내는 기계나 장치

ㅁ 시계나 저울 따위에서 눈금을 가리키는 뾰족한 물건

02

보기에서 알맞은 낱말을 골라 다음 문장을 바르게 완성하세요.

보기

오전　　오후　　하루　　가리키(다)　　떠올리(다)

1 우리 집은 평소에 저녁을 ☐☐ 7시에 먹는다.

2 시계의 긴바늘이 숫자 7을 ☐☐☐면 35분이다.

3 한겨울에는 ☐☐ 6시에도 해가 뜨지 않아 깜깜한 밤 같다.

정답과 해설 11쪽

03 다음 뜻에 해당하는 낱말을 빈칸에 써서 끝말잇기를 해 보세요. 잘 모르겠다면 초성 힌트를 참고해 보세요.

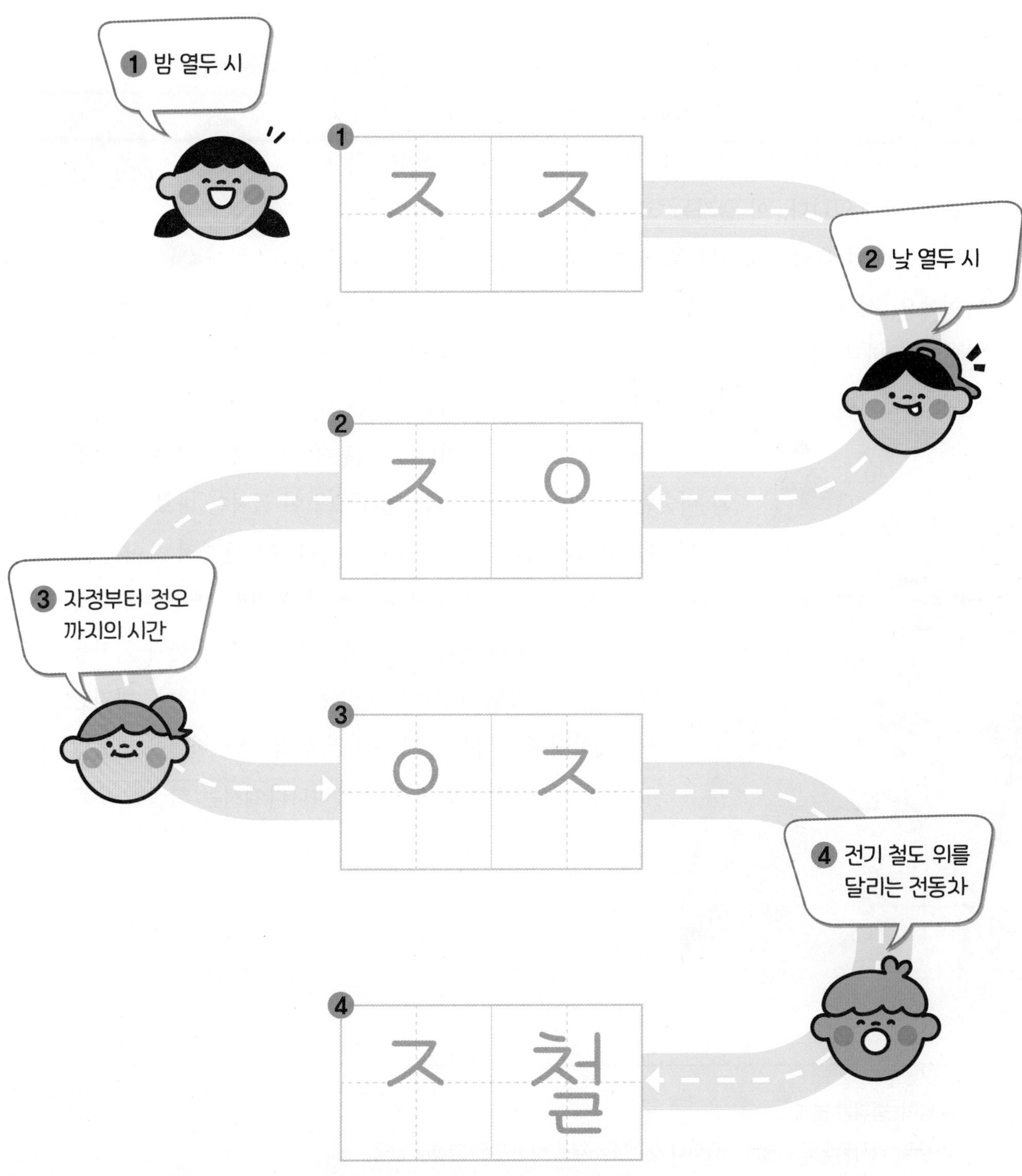

《 공부한 날짜 월 일 》

04 어떤 글자를 쓸까요

◆ 우리의 생각과 말을 써서 남길 때 무엇을 사용하는지 해당하는 낱말에 색칠해요.
◆ 우리나라에서 한자 사용이 줄어든 이유는 무엇인지 밑줄을 그어요.

1 우리는 우리의 생각과 말을 써서 남길 때 글자를 사용합니다. 글자에는 여러 가지 종류가 있는데, 지구상에 있는 모든 글자의 수는 180여 가지나 된다고 합니다. 그중 세계에서 가장 널리 쓰이는 글자는 '알파벳'입니다. 이 글자는 '로마자'라고 불리기도 합니다. 그 이유는 옛날 유럽에 있었던 로마 제국에서 사용한 글자이기 때문이에요. 서양의 나라들은 대부분 알파벳을 사용하는데, 우리가 잘 알고 있는 영어가 바로 알파벳을 쓰는 대표적인 언어입니다. 영어뿐만 아니라 프랑스어, 스페인어, 덴마크어 등도 알파벳을 사용하는 언어입니다.

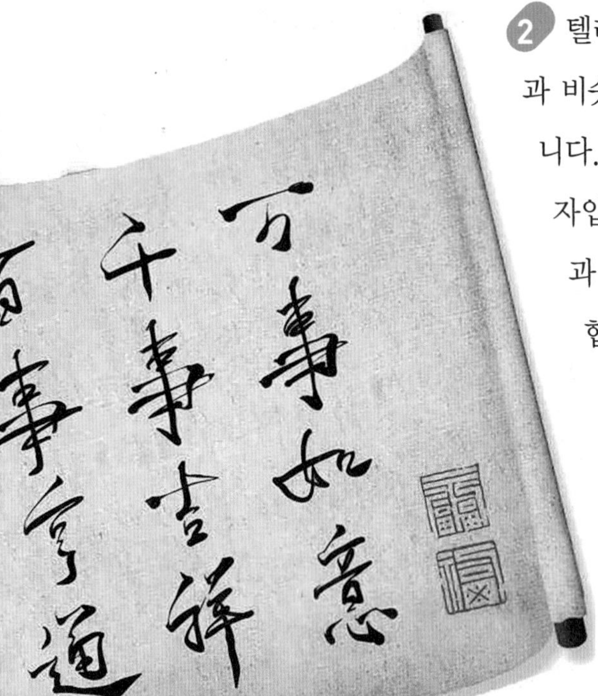

2 텔레비전에서 사극을 보거나, 박물관에 갔을 때 왼쪽에 적힌 것과 비슷한 모양의 글자를 본 적이 있나요? 이 글자는 바로 '한자'입니다. 한자는 오래전 중국에서 만들어져서 오늘날까지 쓰이는 글자입니다. 한자는 주로 중국어를 적을 때 쓰지만, 옛날부터 중국과 자주 오갔던 우리나라, 일본, 베트남 등에서도 한자를 사용합니다. 우리나라도 옛날에는 한자를 많이 썼답니다. 하지만 세종 대왕이 우리말을 정확하게 적을 수 있는 한글을 만들었기 때문에, 그 이후로 오늘날 우리나라에서는 한글을 주로 쓰고 있습니다.

◆ **널리**: 범위가 넓게
◆ **사극**: 역사적으로 유명한 인물이나 사건을 소재로 하여 만든 영화나 연극
◆ **오갔던**: 오고 가고 했던

글을 이해해요

정답과 해설 12쪽

01 이 글의 중심 낱말로 알맞은 것을 찾아 ○ 표시를 하세요.

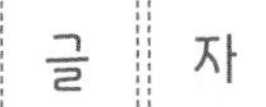

글 자　　나 라　　로 마　　중 국

02 다음 언어에서는 어떤 글자를 사용하고 있는지 선으로 연결해 보세요.

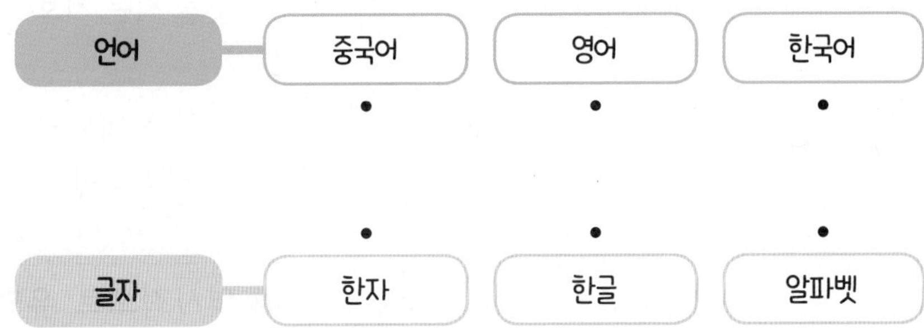

언어	중국어	영어	한국어
글자	한자	한글	알파벳

03 이 글에 대한 설명으로 알맞은 것을 골라 보세요.

1 세계에서 가장 널리 쓰이는 글자는 [알파벳 / 한자]이다.

2 중국에서 만들어져서 오늘날까지 쓰이는 글자는 [한자 / 한글]이다.

3 우리나라에서 한자 사용이 줄어든 이유는 [알파벳 / 한글]이 만들어졌기 때문이다.

04 다음은 이 글의 중심 내용이에요. 빈칸에 알맞은 낱말을 넣어 문장을 완성해 보세요.

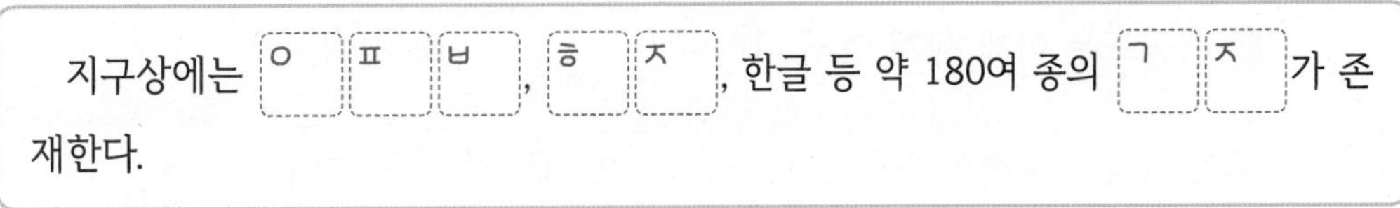

지구상에는 ㅇㅍㅂ, ㅎㅈ, 한글 등 약 180여 종의 ㄱㅈ가 존재한다.

어휘를 익혀요

01 따라 쓰며 낱말의 뜻을 찾아 바르게 연결해 보세요.

1 

2 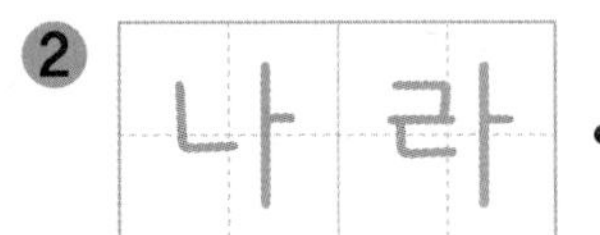

3 

4 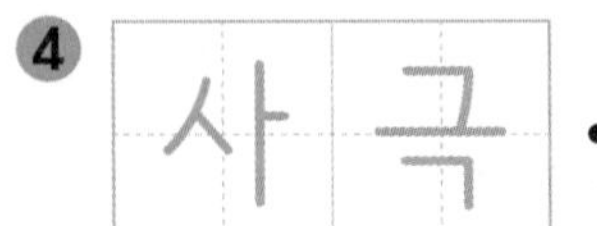

5 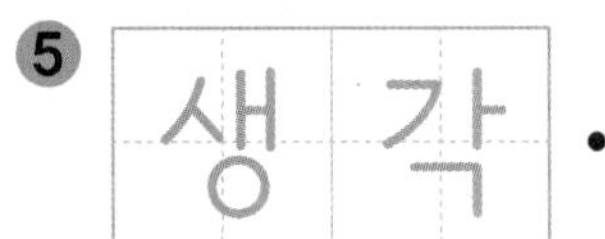

- ㄱ 사물의 생김새나 모습
- ㄴ 어떤 것에 대한 의견이나 느낌
- ㄷ 한글 · 한자처럼 말의 소리나 뜻을 적는 기호
- ㄹ 일정한 범위의 땅에서 살아가는 사람들의 공동체
- ㅁ 역사적으로 유명한 인물이나 사건을 소재로 하여 만든 영화나 연극

02 보기에서 알맞은 낱말을 골라 다음 문장을 바르게 완성하세요.

보기

글자　　널리　　사극　　만들(다)　　오가(다)

1 이번 ☐☐은 고구려 시대를 배경으로 한다.

2 태권도는 이제 세계 여러 나라에 ☐☐ 알려졌다.

3 날씨가 추워져서 거리에 ☐☐는 사람이 별로 없다.

03 다음 뜻에 해당하는 낱말을 빈칸에 써서 끝말잇기를 해 보세요. 잘 모르겠다면 초성 힌트를 참고해 보세요.

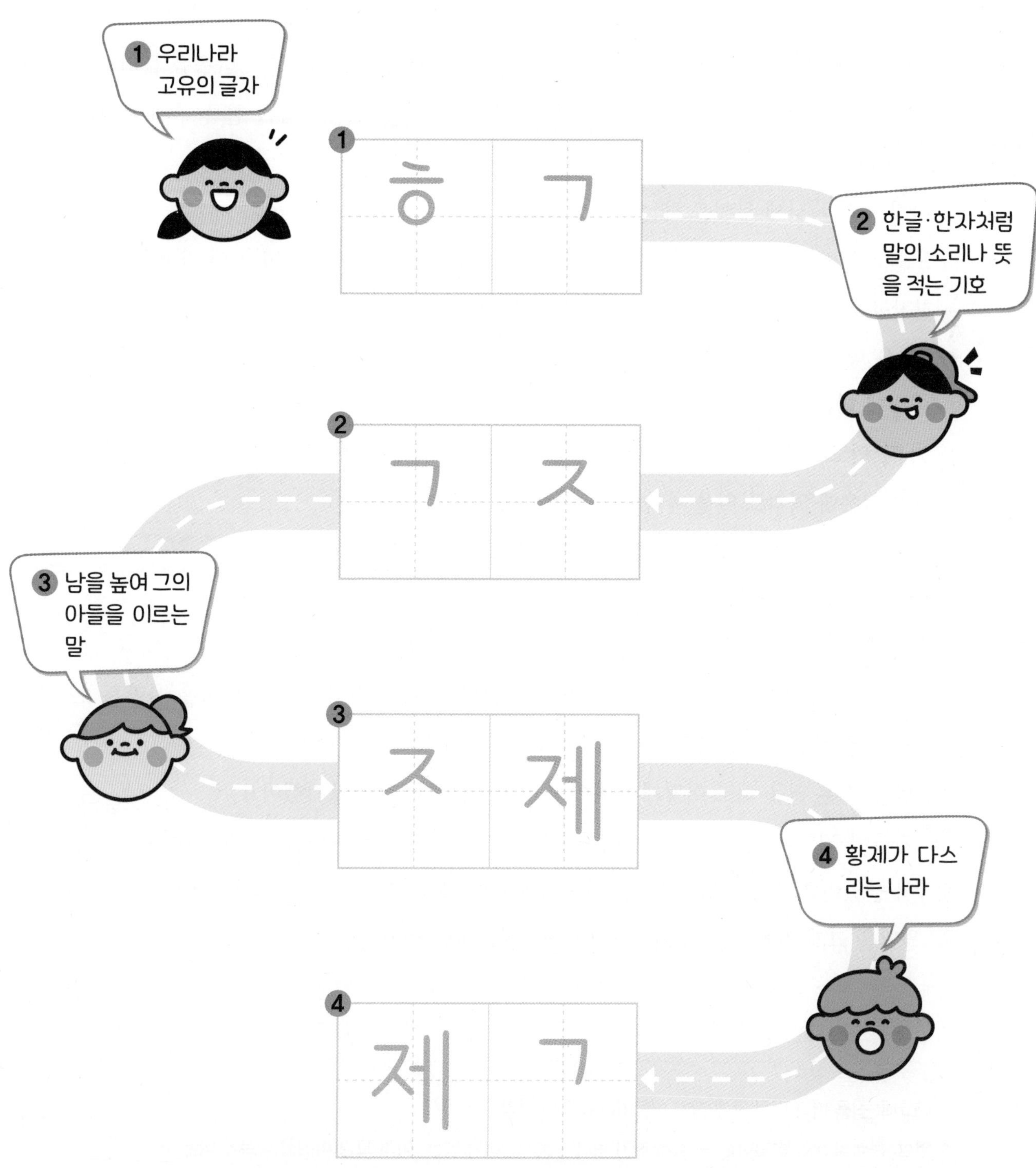

05 세 농부 이야기

◆ 같은 일을 한 세 농부가 서로 달랐던 것은 무엇인지 해당하는 낱말에 색칠해요.
◆ 원님의 질문에 대한 세 번째 농부의 대답에 밑줄을 그어요.

1 옛날 어느 마을에 원님이 새로 왔어요. 원님은 나그네로 변장을 하고 마을을 둘러봤어요. 뜨거운 여름 햇볕 아래 잡초를 뽑는 농부 세 명이 보였어요. 원님은 한 농부에게 다가가 물었어요.

"이렇게 더운 날에 무엇을 하는 중입니까?"

"보면 모르시오? 논에 있는 잡초를 뽑고 있지 않소? 귀찮게 하지 말고 저리 가시오."

'친절하게 말할 수도 있을 텐데 너무 퉁명스럽군.'

원님은 옆에 있는 두 번째 농부에게 다시 물었어요.

"이렇게 더운 날에 무엇을 하는 중입니까?"

"어휴, 먹고살려고 억지로 일하고 있습니다. 이 무더위에 잡초를 뽑는 내가 불쌍합니다."

'하기 싫은데 억지로 일을 한다니 더 힘들겠군.'

원님은 세 번째 농부에게도 똑같이 물어봤어요.

"이렇게 더운 날에 무엇을 하는 중입니까?"

세 번째 농부는 환하게 웃으며 밝은 목소리로 답했어요.

"저는 벼가 잘 자라게 하려고 잡초를 뽑고 있습니다. 농사가 잘되면 우리 마을 사람들 모두가 쌀을 배불리 먹을 수 있을 것 같아서 기쁩니다."

원님은 '같은 일을 해도 이렇게 마음이 다를 수 있구나.'라고 생각했어요.

2 가을이 되었어요. 세 농부의 논 중에서 즐거운 마음으로 일했던 세 번째 농부의 논만 풍작이 들었어요. 마을 사람들은 세 번째 농부 덕분에 겨울 동안 쌀 걱정을 안 하게 되었어요. 원님은 크게 기뻐하며 세 번째 농부에게 상을 내렸답니다.

◆ **나그네**: 집을 떠나 다른 곳에 잠시 머물거나 떠도는 사람
◆ **변장**: 본래의 모습을 알아볼 수 없게 하기 위하여 옷차림이나 얼굴, 머리 모양 따위를 다르게 바꿈
◆ **풍작**: 농작물의 수확이 보통 정도로 된 농사를 훨씬 웃도는 일

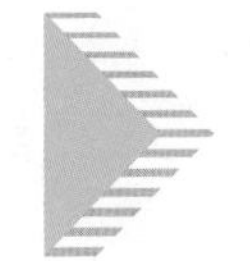

글을 이해해요

정답과 해설 14쪽

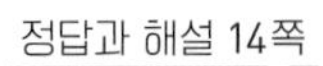

01

이 글에서 세 농부의 농사 결과가 무엇 때문에 달라졌는지 찾아 ○ 표시를 하세요.

날 씨   마 음   풍 작   나 그 네

02

세 농부에 대한 설명이 맞으면 ○, 틀리면 ✕ 표시를 하세요.

1 세 농부는 더운 날에 논에서 잡초를 뽑고 있다. [○ / ✕]

2 즐거운 마음으로 일한 농부의 논은 풍작이 들었다. [○ / ✕]

3 세 농부는 모두 같은 마음으로 같은 일을 하고 있다. [○ / ✕]

03

다음 중 세 번째 농부와 가장 비슷한 마음을 가진 친구는 누구인지 ✓ 표시를 하세요.

- [ ] **한울**: 숙제는 도대체 왜 해야 하는 거지? 정말 하기 싫고 귀찮아!
- [ ] **주원**: 맞아. 오늘도 어쩔 수 없이 숙제를 해야 해. 숙제를 하는 내가 불쌍해.
- [ ] **지연**: 그렇구나. 나는 숙제를 하면 오늘 배운 내용을 다시 공부할 수 있어서 즐거워.

04

다음은 이 글의 중심 내용이에요. 빈칸에 알맞은 낱말을 넣어 문장을 완성해 보세요.

세 농부는 서로 다른 [ㅁ][ㅇ]으로 같은 일을 했다. 그 결과 즐거운 마음으로 일한 [ㅅ] 번째 농부의 논만 [ㅍ][ㅈ]이 들었다.

어휘를 익혀요

01 따라 쓰며 낱말의 뜻을 찾아 바르게 연결해 보세요.

1 

2 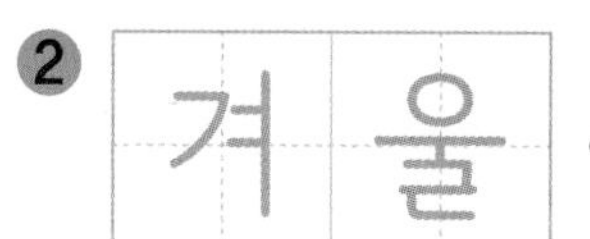

3 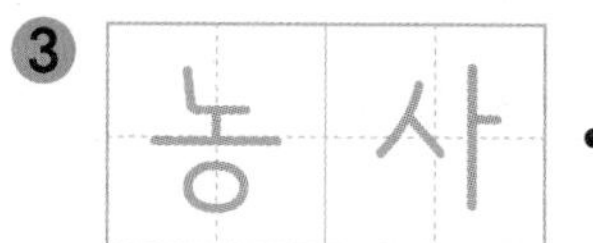

4 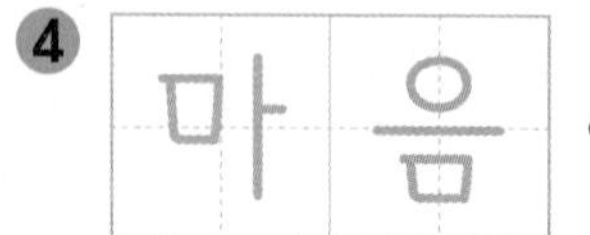

5 햇볕

- ㄱ 해가 내리쬐는 기운
- ㄴ 벼에서 껍질을 벗겨 낸 알맹이
- ㄷ 농작물을 심고 가꾸고 거두어 들이는 일
- ㄹ 사람이 속으로 품고 있는 생각이나 감정
- ㅁ 일 년의 네 계절 가운데 날씨가 춥고 눈이 많이 내리는 맨 마지막 계절

02 빈칸에 들어갈 알맞은 낱말을 보기에서 찾아 쓰세요.

보기

날씨	변장	풍작	나그네	목소리

1 올해 농사는 비가 적당히 와서 ☐☐이 예상된다.

2 노인은 지나가는 ☐☐☐에게 음식을 대접했다.

3 무도회에 온 사람들은 모두 가면을 써서 ☐☐을 했다.

03 다음 뜻에 해당하는 낱말을 찾아 가로, 세로, 대각선으로 표시해 보세요.

마	음	풍	작	퉁
을	무	겁	다	명
햇	볕	더	논	스
사	잡	가	위	럽
람	초	여	름	다

1 매우 견디기 힘든 더위

…… □□□

2 주로 시골에서, 여러 집이 모여 사는 곳

…… □□

3 사람이 속으로 품고 있는 생각이나 감정

…… □□

4 가꾸지 않아도 저절로 나서 자라는 여러 가지 풀

…… □□

생활

01 내 맘대로 정하는 하루

계획을 세우면 규칙적인 생활을 할 수 있고, 시간을 알차게 보낼 수 있어요. 은우의 계획표를 보고, 방학 때 하루를 어떻게 보낼지 생각해 보아요. 그리고 방학 동안 꼭 지킬 일을 써 보고 잘 지켜 보아요.

"은우가 쓴 방학 생활 계획표를 보고, 언제, 무엇을 하기로 했는지 살펴보며 읽어요."

방학 생활 계획표

쓴 사람 : 채은우

	시간	할 일
오전	8시	세수하기, 아침 식사, 강아지와 산책하기
	9시	
	10시	엄마와 함께 책 읽기
	11시	태권도 학원
	12시	점심 식사
오후	1시	공부하기
	2시	
	3시	간식 먹기, 친구와 놀기
	4시	
	5시	방학 숙제하기, 운동하기
	6시	
	7시	저녁 식사, 휴식
	8시	
	9시	샤워하기, 내일 할 일 준비하기
	10시	잠자리에 들기

파이팅!! **나와의 약속!**

- ✓ 일주일에 3번 이상 일기를 쓴다.
- ✓ 밥을 먹을 때에는 반찬을 골고루 먹는다.
- ✓ 밖에서 돌아오면 손과 발을 깨끗이 씻는다.
- ✓ 하루에 줄넘기를 30개씩 하고, 달력에 표시한다.

활동해 보기

01 다음 중 방학 생활 계획표를 만들었을 때의 좋은 점으로 맞으면 ○, 틀리면 × 표시를 하세요.

① 규칙적으로 생활할 수 있다. [○ / ×]

② 하루를 알차게 보낼 수 있다. [○ / ×]

③ 공부를 하고 싶을 때에만 할 수 있다. [○ / ×]

02 은우의 방학 생활 계획표를 보고, 다음 시각에 은우가 무엇을 하고 있을지 선으로 이으세요.

① 

② 

③ 

ㄱ 은우가 엄마와 함께 동화책을 읽고 있어요.

ㄴ 은우가 침대에 누워 잠을 자고 있어요.

ㄷ 은우가 책상에 앉아 방학 숙제를 하고 있어요.

03 은우가 '나와의 약속!'을 잘 지키지 <u>못한</u> 날은 언제인가요? 다음 일기를 보고 날짜를 쓰세요.

7월 4일	7월 7일	7월 12일
아침밥에 싫어하는 나물 반찬이 있어서 소시지랑 밥만 먹었다.	오늘은 줄넘기를 50개나 했다. 땀이 났지만 기분이 좋았다.	놀이터에서 친구와 재미있게 놀고 집에 와서 손과 발을 씻고 밥을 먹었다.

01 ① ○ ② ○ ③ × 02 ① ㄱ ② ㄷ ③ ㄴ 03 7월 4일

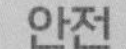

02 놀이터 안전 수칙

놀이터에는 다양한 놀이 기구가 있어요. 하지만 놀이터 안전 수칙을 지키지 않으면 위험하답니다. 놀이터에서 놀이 기구를 탈 때 지켜야 할 안전 수칙에 대해 알아보아요.

그네

- 그네가 완전히 멈춘 뒤에 타거나 내려요.
- 엎드리거나 무릎을 꿇은 채 그네를 타면 다칠 수 있어요.
- 친구가 그네를 타고 있을 때에는 그네 가까이 가지 않아요. 그네에 부딪히면 크게 다칠 수 있거든요.

놀이 기구를 탈 때 어떤 점을 주의해야 하는지 정리하며 읽어요.

시소

- 시소 가운데에 올라가거나 시소에서 뛰어내리면 위험해요.
- 시소 밑에 발이 끼이면 다칠 수 있으니 다리를 벌리고 앉아요.
- 시소에서 내릴 때에는 건너편에서 같이 시소를 타던 친구에게 알려 주어야 친구가 다치지 않아요.

미끄럼틀

- 미끄럼틀에 거꾸로 올라가면 위험해요.
- 미끄럼틀에서 내려올 때에는 앞에 사람이 없는지 확인해요.
- 미끄럼틀에서 내려온 뒤에는 뒷사람과 부딪히지 않게 얼른 비켜 주어요.

철봉

- 철봉에 거꾸로 매달려 손을 놓으면 안 돼요.
- 자신의 키보다 훨씬 높은 철봉에 매달리면 위험해요.
- 활동하기 편한 옷을 입어야 해요. 다른 놀이 기구를 탈 때에도 마찬가지예요.

활동해 보기

01

놀이터에서 안전하게 놀이 기구를 이용하고 있는 친구를 찾아 ✓ 표시를 하세요.

☐ 지성 ☐ 윤비 ☐ 지원 ☐ 은수 ☐ 나현

02

다음 말을 각각 어떤 친구에게 해 주면 좋을지 친구의 이름을 쓰세요.

1. "철봉에 거꾸로 매달리면 위험해!" — ✎
2. "시소 가운데에 올라가면 떨어져서 다칠 수 있어!" — ✎
3. "미끄럼틀에서 내려올 때에는 앞에 사람이 없는지 확인해야 해!" — ✎

03

이런! 윤비가 넘어지려고 해요. 그 이유로 알맞은 것을 고르세요. ✎

ㄱ 놀이 기구에 너무 가까이 가서
ㄴ 활동하기에 불편한 옷을 입어서

01 ✓ 지성 02 ① 나현 ② 은수 ③ 지원 03 ㄴ

걷기도 운동이야

◆ 우리가 일상생활에서 쉽게 할 수 있는 유산소 운동에 색칠해요.
◆ 걷기 운동의 올바른 자세에 대해 설명하는 부분에 밑줄을 그어요.

1 우리가 일상생활에서 쉽게 할 수 있는 운동에는 무엇이 있을까요? 바로 '걷기'가 있겠네요. 걷기는 따로 운동 기구가 필요하지 않아요. 그리고 특별한 방법을 배우지 않아도 쉽게 할 수 있지요. 운동은 땀을 뻘뻘 흘리면서 근육을 쑥쑥 키울 수 있어야 하는 거 아니냐고요? 걷기는 쉬워 보이지만 충분히 훌륭한 유산소 운동이랍니다. '유산소 운동'이란 몸 안에 최대한 많은 산소가 들어가도록 편안하게 숨을 쉬면서 할 수 있는 운동을 말해요.

2 걷기는 심장과 폐를 튼튼하게 만들어 주고, 몸속에서 피가 잘 돌게 하여 심장병도 예방해 줘요. 그리고 걷기를 꾸준히 하면 몸속의 지방이 없어져서 뚱뚱해지지도 않아요. 걷기 운동의 좋은 점은 더 있어요. 걸을 때 우리 몸의 뼈는 자극을 받아 더 단단해져서 잘 부러지지 않는다고 해요. 면역력이 강해져서 감기도 덜 걸리게 된답니다. 이렇게 걷기는 건강을 위한 효과 만점의 운동이지요. 기분이 안 좋고 스트레스를 받은 날에는 밖으로 나가 걸어 보세요. 마법처럼 기분이 좋아질 거예요.

3 걷기 운동을 할 때에는 바른 자세로 걷는 것이 중요해요. 허리는 곧게 펴고, 머리는 세우며, 팔은 힘을 주지 않고 가볍게 흔들면서 걸어야 한답니다. 운동으로 걷는 것이기 때문에 보통 때보다 더 길게, 더 빠르게 걷는 것이 좋아요. 열심히 걷다 보면 우리 모두 더 건강해질 거예요.

◆ **자극**: 생물체의 감각 기관에 작용을 주어 반응을 일으키게 함
◆ **면역력**: 몸속에 들어온 병원균에 대해 항체가 만들어져, 다음에는 그 병에 걸리지 않게 하는 힘
◆ **스트레스**: 적응하기 힘든 환경에 처했을 때 느끼는 심리적·육체적 긴장 상태

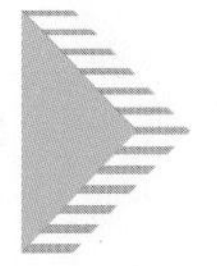

정답과 해설 16쪽

01 이 글의 중심 낱말로 알맞은 것을 찾아 ○ 표시를 하세요.

걷기 / 근육 / 머리 / 자세

02 걷기 운동의 좋은 점이 아닌 것은 무엇인가요? [ ]

① 면역력을 강하게 만든다.
② 심장과 폐를 튼튼하게 만든다.
③ 몸속의 지방을 늘어나게 한다.

03 걷기 운동을 하려고 해요. 둘 중 바른 자세에 ✓ 표시를 하세요.

04 다음은 이 글의 중심 내용이에요. 빈칸에 알맞은 낱말을 넣어 문장을 완성해 보세요.

걷기 운동은 일상생활에서 쉽게 할 수 있는 훌륭한 [ㅇ][ㅅ][ㅅ][ㅇ][ㄷ]이다. 걷기 운동을 하면 [ㄱ][ㄱ]에 여러 가지로 좋은 점이 많으며, 걷기 운동을 할 때 바른 [ㅈ][ㅅ]로 걷는 것이 중요하다.

어휘를 익혀요

01 따라 쓰며 낱말의 뜻을 찾아 바르게 연결해 보세요.

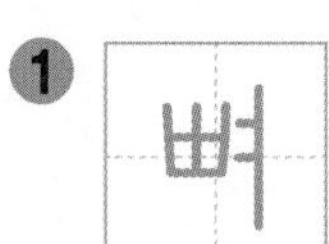

1 뼈 •
2 기분 •
3 방법 •
4 운동 •
5 효과 •

• ㄱ 어떤 일을 해서 생기는 좋은 결과
• ㄴ 사람이 건강을 위해 몸을 움직이는 일
• ㄷ 어떤 일을 이루거나 해결하기 위한 방식
• ㄹ 동물의 살 속에서 몸을 받쳐 주는 단단한 물질
• ㅁ 마음속에 생기는 기쁨 · 슬픔 · 우울함 등의 감정 상태

02 빈칸에 들어갈 알맞은 낱말을 보기에서 찾아 쓰세요.

보기

운동 자극 면역력 스트레스 일상생활

1 강한 햇빛이 내 눈에 ☐☐을 줬다.

2 시험 때문에 ☐☐☐☐가 쌓인다.

3 몸이 허약하면 ☐☐☐도 떨어지게 된다.

정답과 해설 17쪽

03 다음 어휘 카드에 적힌 낱말의 뜻을 생각하며 물음에 답하세요.

(1) 제시된 낱말과 비슷한 낱말을 골라 ○ 표시를 하세요.

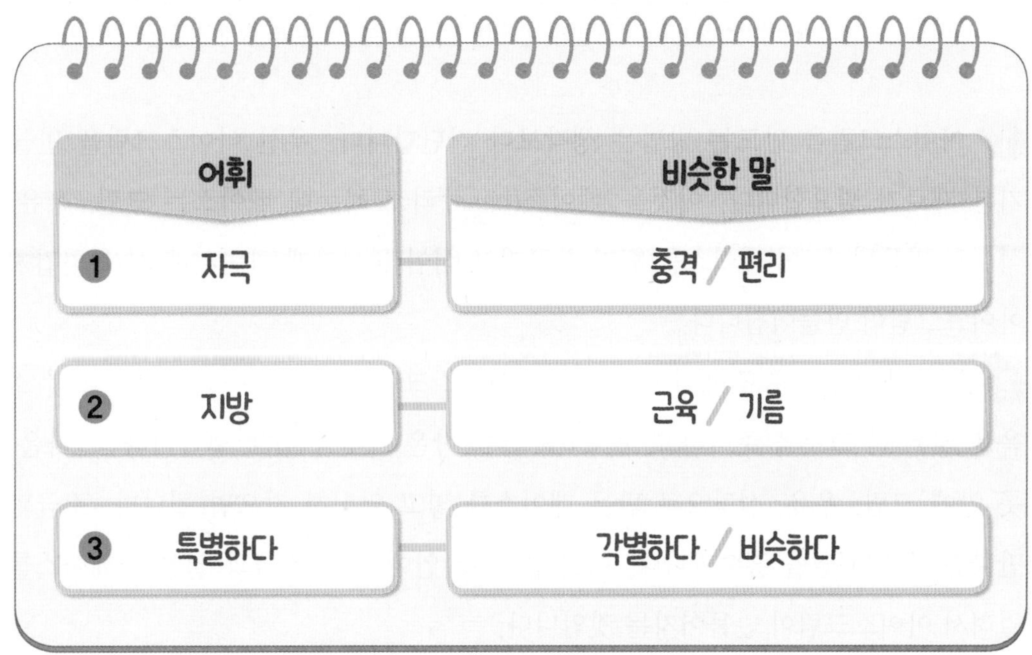

(2) 제시된 낱말과 반대되는 낱말을 골라 ○ 표시를 하세요.

어휘	반대말
① 건강	건실 / 허약
② 운동	휴식 / 움직임
③ 튼튼하다	강하다 / 약하다

07 아이스크림을 만들어요

◆ 이 글은 무엇을 만드는 방법에 대해 설명하는지 해당하는 낱말에 색칠해요.
◆ 아이스크림을 부드럽게 만드는 방법을 설명하는 부분에 밑줄을 그어요.

1 아이스크림을 만드는 방법은 생각보다 간단합니다. 우선 아이스크림을 만들기 위한 기본 재료가 필요합니다. 이것을 '베이스(base)'라고 하는데 베이스는 크림, 우유, 설탕을 섞어서 만듭니다. 이 베이스를 휘저어 공기가 섞여 들어가게 하면서 동시에 차갑게 얼리면 아이스크림이 만들어집니다.

2 이러한 방법으로 집에서도 간단하게 아이스크림을 만들 수 있습니다. 우선 소금과 얼음을 넣은 큰 그릇을 준비하고, 큰 그릇 안에 작은 그릇을 겹쳐 넣습니다. 그다음 작은 그릇 안에 크림, 우유, 설탕으로 만든 베이스를 넣고 열심히 저으면 됩니다. 소금과 얼음이 만나면 주위의 열을 흡수합니다. 이때 큰 그릇 안에 있는 소금과 얼음이 베이스를 차갑게 얼려서 아이스크림이 만들어지는 것입니다.

3 아이스크림은 입안에서 부드럽게 녹습니다. 그럼 어떻게 하면 아이스크림을 부드럽게 만들 수 있을까요? 아이스크림의 부드러움은 우선 얼음 조각의 크기와 관계가 있습니다. 아이스크림 베이스가 얼 때 작은 얼음 조각들이 생기는데, 이 얼음 조각의 크기가 작으면 작을수록 아이스크림이 부드럽습니다. 또 베이스를 저을 때 공기가 얼마만큼 들어가느냐에 따라 아이스크림의 부드러움이 결정됩니다. 공기가 많이 들어갈수록 아이스크림이 부드러워지고, 공기가 적게 들어갈수록 뻑뻑해집니다. 하지만 아이스크림이 부드럽다고 무조건 좋은 것은 아닙니다. 그만큼 빨리 녹기 때문이죠.

◆ **재료:** 물건을 만드는 데 필요한 감
◆ **겹쳐:** 둘 이상을 서로 덧놓거나 포개어
◆ **흡수합니다:** 외부에 있는 것을 안으로 빨아들입니다.

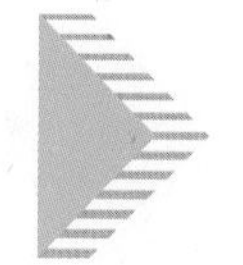

글을 이해해요

정답과 해설 18쪽

01 이 글의 중심 낱말로 알맞은 것을 찾아 ○ 표시를 하세요.

설탕　　소금　　우유　　아이스크림

02 다음 ㄱ~ㄹ을 아이스크림을 만드는 과정에 맞게 순서대로 쓰세요.

(　　) → (　　) → (　　) → ㄹ

03 아이스크림을 부드럽게 만들려면 어떻게 해야 할까요? 괄호 안의 내용 중 알맞은 말에 ○ 표시를 하세요.

1 베이스를 저을 때 공기가 [적게 / 많이] 들어가야 한다.

2 아이스크림의 얼음 조각을 [작게 / 크게] 만들어야 한다.

04 다음은 이 글의 중심 내용이에요. 빈칸에 알맞은 낱말을 넣어 문장을 완성해 보세요.

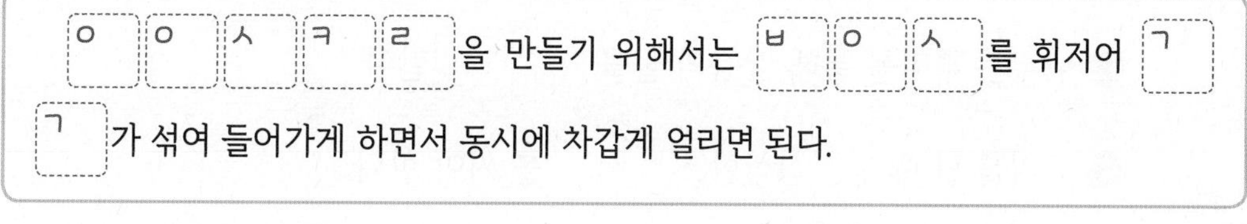

어휘를 익혀요

01 따라 쓰며 낱말의 뜻을 찾아 바르게 연결해 보세요.

1 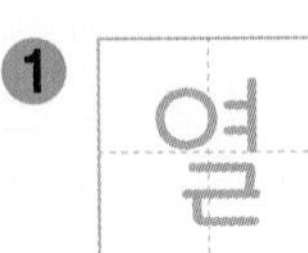

2 공 기

3 그 릇

4 동 시

5 주 위

ㄱ 같은 때나 시기

ㄴ 덥거나 뜨거운 기운

ㄷ 어떤 것을 중심으로 한 그 둘레

ㄹ 밥 · 국 · 반찬 등의 음식을 담는 데 쓰이는 도구

ㅁ 지구를 둘러싸고 있으며 사람이 숨을 쉴 때 들이마시고 내쉬는 모든 기체

02 보기에서 알맞은 낱말을 골라 다음 문장을 바르게 완성하세요.

보기

얼음　　재료　　겹치(다)　　준비(하다)　　흡수(하다)

1 빨래를 ☐☐지 않게 널어야 빨리 마른다.

2 나무는 뿌리를 통해 땅속의 물을 ☐☐한다.

3 요리를 할 때에는 싱싱한 ☐☐를 써야 한다.

정답과 해설 19쪽

03 다음 어휘 카드에 적힌 낱말의 뜻을 생각하며 물음에 답하세요.

(1) 제시된 낱말과 비슷한 낱말을 골라 ○ 표시를 하세요.

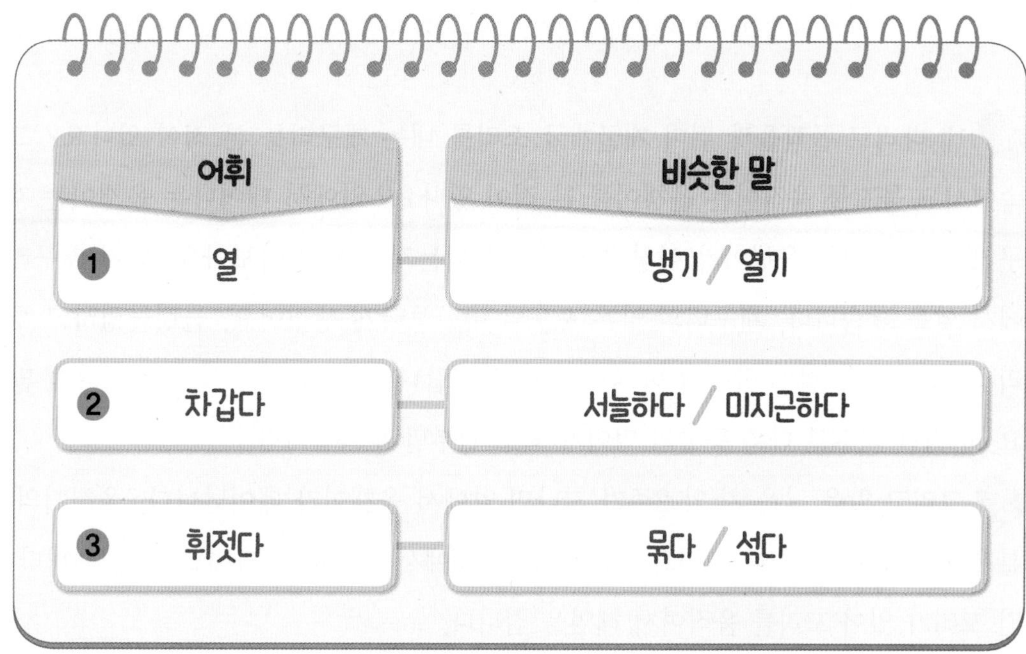

(2) 제시된 낱말과 반대되는 낱말을 골라 ○ 표시를 하세요.

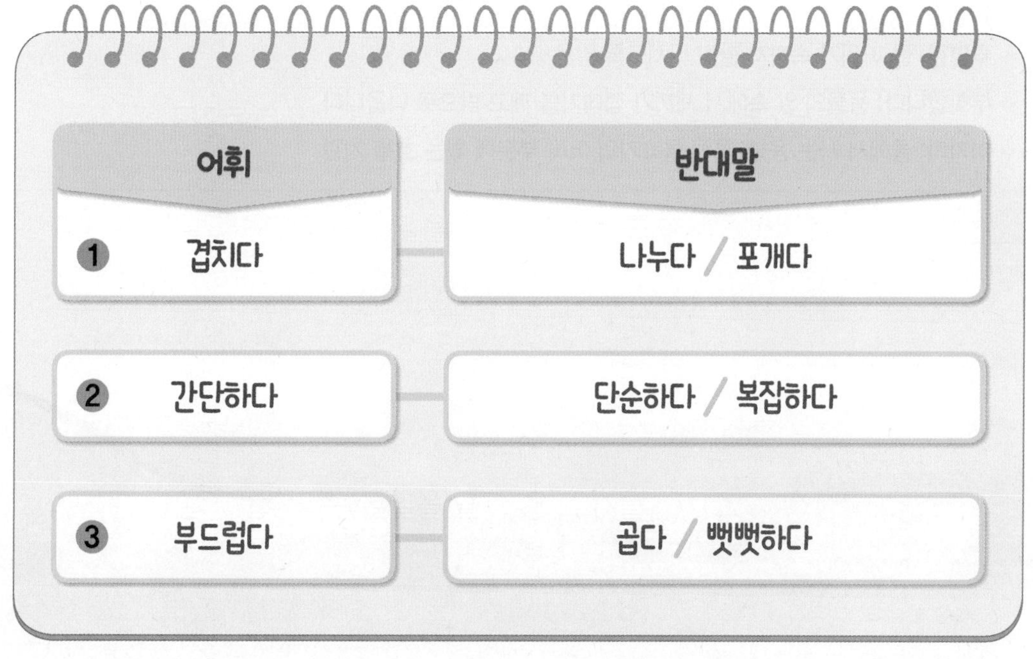

08 올챙이가 개구리가 돼요

◆ 올챙이가 다 자라면 무엇이 되는지 해당하는 낱말에 색칠해요.
◆ 올챙이가 숨을 쉬는 방법과 개구리가 숨을 쉬는 방법에 각각 밑줄을 그어요.

1 네 다리로 폴짝폴짝 뛰며 개굴개굴 소리를 내는 개구리를 본 적이 있나요? 그리고 물속에서 꼬물꼬물 움직이는 올챙이를 본 적이 있나요? 알에서 태어나는 올챙이는 자라서 개구리가 된답니다. 올챙이가 어떻게 개구리가 되는지 함께 알아보아요. 먼저 개구리는 물속에서 알을 낳습니다. 개구리의 알은 포도알처럼 둥글게 생겼어요. 물렁물렁하고 투명한 젤리 안에 검은색 점이 하나씩 박혀 있는 모양이랍니다. 개구리는 알을 엄청나게 많이 낳아요. 하지만 대부분 다른 동물의 먹이가 되고 일부만 부화합니다.

2 그리고 알을 낳은 지 약 2주가 지나면 알에서 올챙이가 태어납니다. 올챙이의 머리 부분은 둥글고 눈과 입이 있어요. 올챙이는 물속에서 지내며 아가미로 숨을 쉽니다. 그리고 긴 꼬리가 있어 꼬리를 움직여서 헤엄을 칩니다.

3 올챙이는 자라면서 뒷다리가 먼저 나옵니다. 그다음 앞다리가 나오고 꼬리가 점점 짧아지다가 사라지면서 개구리의 모습으로 바뀝니다. 올챙이의 아가미는 앞다리가 나오면서 없어집니다. 꼬리가 없어지면 완전한 개구리가 되어 폐와 피부로 숨을 쉽니다. 다 자란 개구리는 땅에서 생활하기도 하고 물에서 생활하기도 한답니다.

◆ **투명한**: 물 따위가 속까지 환히 비치도록 맑은
◆ **부화합니다**: 동물의 알 속에서 새끼가 껍데기를 깨고 밖으로 나옵니다.
◆ **아가미**: 물에서 사는 동물, 특히 물고기의 머리 부분에 있는 호흡 기관

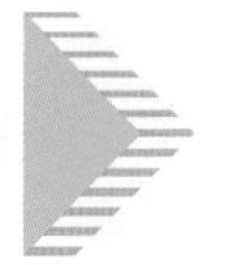

글을 이해해요

정답과 해설 20쪽

01 이 글의 중심 낱말로 알맞은 것을 찾아 ○ 표시를 하세요.

02 다음은 개구리 알에 대한 설명이에요. 맞으면 ○, 틀리면 × 표시를 하세요.

1 개구리는 알을 많이 낳는다. [○ / ×]

2 개구리의 알 대부분은 다른 동물에게 먹힌다. [○ / ×]

3 개구리의 알은 포도알처럼 끼맣고 안이 보이지 않는다. [○ / ×]

03 친구와 개구리에 대해 이야기를 했어요. 빈칸에 알맞은 말을 넣어서 대화를 완성해 보세요.

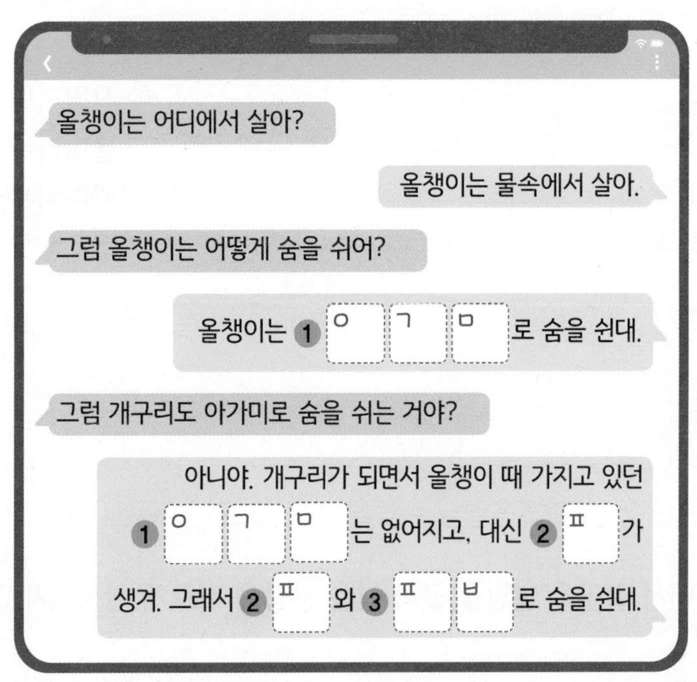

04 다음은 이 글의 중심 내용이에요. 빈칸에 알맞은 낱말을 넣어 문장을 완성해 보세요.

개구리가 물속에 낳은 ㅇ 에서 ㅇ ㅊ ㅇ 가 태어난다. 올챙이는 자라면서 뒷다리에서 앞다리 순으로 다리가 나오고, ㄲ ㄹ 가 사라지면서 개구리가 된다.

어휘를 익혀요

01 따라 쓰며 낱말의 뜻을 찾아 바르게 연결해 보세요.

1  꼬리 •　　• ㄱ 모양이 원이나 공과 같거나 비슷하다.

2 먹이 •　　• ㄴ 동물이 살아가기 위하여 먹어야 할 거리

3 생활 •　　• ㄷ 사람이나 동물이 일정한 환경에서 활동하며 살아감

4 헤엄 •　　• ㄹ 동물의 꽁무니나 몸뚱이의 뒤 끝에 붙어서 조금 나와 있는 부분

5 둥글다 •　　• ㅁ 사람이나 물고기가 물속에서 팔다리나 지느러미를 움직여 떠다니는 일

02 보기에서 알맞은 낱말을 골라 다음 문장을 바르게 완성하세요.

보기				
개구리	아가미	부화(하다)	생활(하다)	투명(하다)

1 달걀이 [ ][ ]하여 병아리가 나왔다.

2 나는 [ ][ ]한 유리그릇에 물을 한가득 부었다.

3 물고기는 [ ][ ][ ]가 있어서 물속에서도 숨을 쉴 수 있다.

정답과 해설 21쪽

03 갈림길에 낱말의 뜻이 적혀 있어요. 해당하는 낱말을 골라 민재에게 학교로 가는 길을 안내해 주세요.

09 말하는 돌고래

◆ 사람을 빼고 이 세상에서 가장 똑똑한 동물로 꼽히는 것을 찾아 색칠해요.
◆ 돌고래가 말하는 방법 세 가지에 각각 밑줄을 그어요.

1 사람을 빼고 이 세상에서 가장 똑똑한 동물은 무엇일까요? 여러 가지 의견이 있지만, 많은 사람들이 돌고래를 꼽습니다. 돌고래는 20년 전에 헤어졌던 친구를 기억할 정도로 머리가 좋기 때문이에요. 돌고래를 똑똑한 동물이라고 생각하는 또 다른 이유는 돌고래끼리 대화를 할 수 있기 때문입니다. 물론 사람은 못 알아듣는 말이지만요.

2 돌고래가 말하는 방법은 다른 동물보다 훨씬 발달했습니다. 돌고래는 '나', '사과' 같이 낱말만으로 말하는 것이 아니라, '나는 사과를 좋아해.'처럼 문장을 만들어서 대화한다고 합니다. 또, 사람의 이름처럼 각각의 돌고래를 가리키는 소리가 있어서 이 소리로 서로를 부른다고 합니다. 심지어는 상대방의 말이 끝나기를 기다렸다가 말을 하는 대화 예절도 있다고 하니, 사람 못지않다고 할 수 있죠?

3 돌고래 중에는 외국어를 할 줄 아는 돌고래도 있습니다. 사는 나라가 다르면 사람들이 쓰는 말이 다른 것처럼, 돌고래도 사는 곳에 따라서 사용하는 말이 다릅니다. 서로 먼 지역에 사는 돌고래끼리는 말이 통하지 않지만, 그 중간 지역에 사는 돌고래는 양쪽의 말을 조금씩 할 줄 안대요. 이만하면 돌고래를 동물계의 언어 천재라고 불러도 되지 않을까요?

- **의견**: 어떤 대상에 대하여 가지는 생각
- **발달했습니다**: 신체, 정서, 지능 등이 성장했거나 성숙했습니다.
- **못지않다고**: 어떤 것에 뒤지지 않은 상태에 있다고

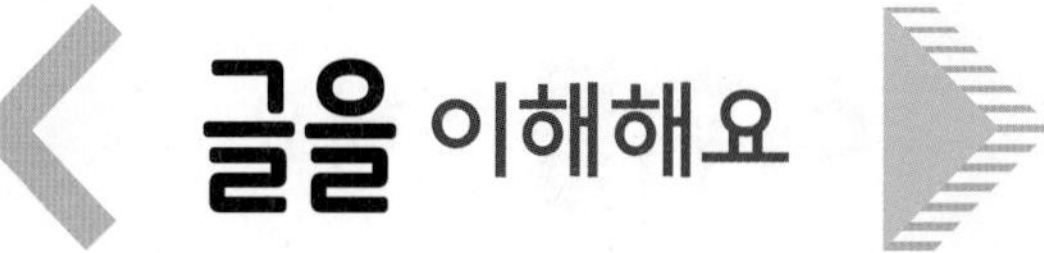

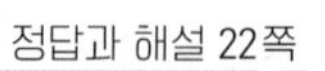

01 이 글의 중심 낱말로 알맞은 것을 찾아 ○ 표시를 하세요.

동물 　 사람 　 소리 　 돌고래

02 많은 사람들이 돌고래를 똑똑한 동물이라고 생각하는 이유를 모두 골라 ✓ 표시를 하세요(2개).

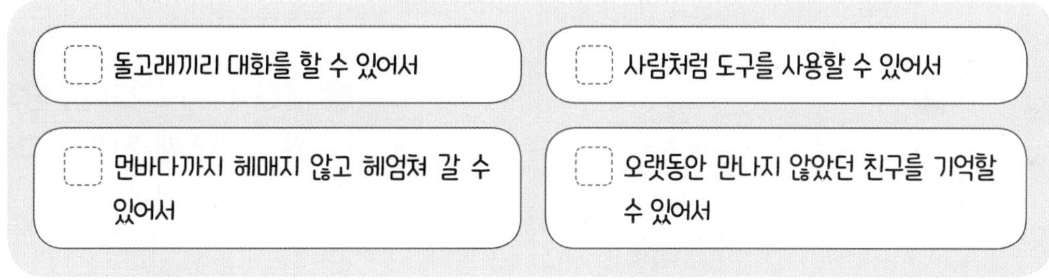

- [ ] 돌고래끼리 대화를 할 수 있어서
- [ ] 사람처럼 도구를 사용할 수 있어서
- [ ] 먼바다까지 헤매지 않고 헤엄쳐 갈 수 있어서
- [ ] 오랫동안 만나지 않았던 친구를 기억할 수 있어서

03 돌고래에 대한 설명이 맞으면 ○, 틀리면 ✕ 표시를 하세요.

1 돌고래는 낱말만으로만 서로 대화할 수 있다. [○ / ✕]

2 사는 곳이 달라도 돌고래가 사용하는 말은 모두 같다. [○ / ✕]

3 사람의 이름처럼 각각의 돌고래를 부르는 소리가 따로 있다. [○ / ✕]

04 다음은 이 글의 중심 내용이에요. 빈칸에 알맞은 낱말을 넣어 문장을 완성해 보세요.

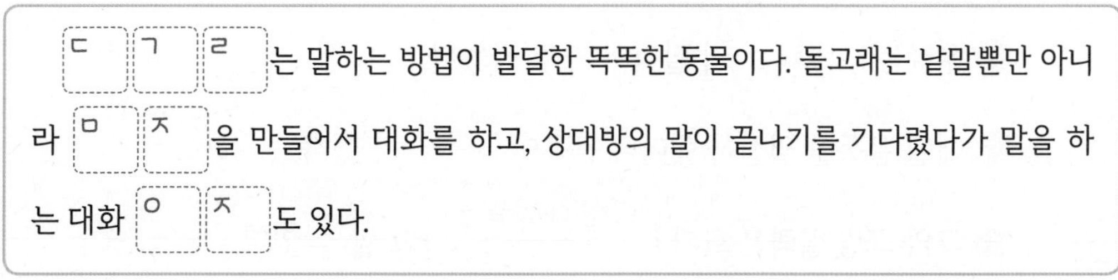

[ㄷ][ㄱ][ㄹ]는 말하는 방법이 발달한 똑똑한 동물이다. 돌고래는 낱말뿐만 아니라 [ㅁ][ㅈ]을 만들어서 대화를 하고, 상대방의 말이 끝나기를 기다렸다가 말을 하는 대화 [ㅇ][ㅈ]도 있다.

어휘를 익혀요

01 따라 쓰며 낱말의 뜻을 찾아 바르게 연결해 보세요.

1. 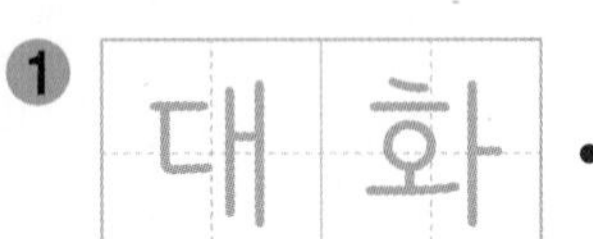

2. 

3. 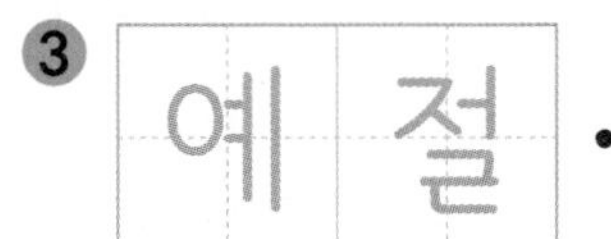

4. 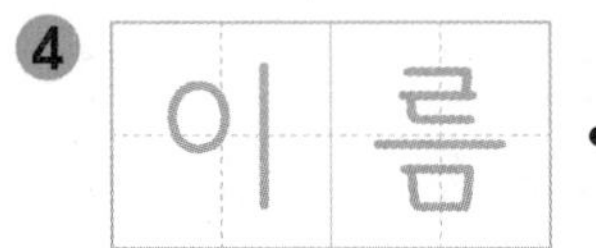

5. 천재

- ㄱ 예의에 관한 모든 절차나 질서
- ㄴ 마주 대하여 이야기를 주고받음
- ㄷ 다른 것과 구별하기 위해 사물·장소 등에 붙여 부르는 말
- ㄹ 선천적으로 타고난, 남보다 훨씬 뛰어난 재주. 또는 그런 능력을 가진 사람
- ㅁ 물체가 부딪히거나 빠르게 떨릴 때, 공기의 울림이 귀에 전달되어 들리는 것

02 보기에서 알맞은 낱말을 골라 다음 문장을 바르게 완성하세요.

보기

대화 의견 가리키(다) 못지않(다) 발달(하다)

1. 우리는 □□이 달라서 자주 싸웠다.
2. 매일 운동을 열심히 했더니 근육이 □□했다.
3. 그의 그림 실력은 화가 □□□다고 할 수 있다.

정답과 해설 23쪽

03 다음 어휘 카드에 적힌 뜻을 읽고, 그 뜻에 알맞은 낱말을 골라 ✓표시를 하세요.

❶ 골라서 지목하다.
- ☐ 꼽다
- ☐ 빼다

❷ 예의에 관한 모든 절차나 질서
- ☐ 버릇
- ☐ 예절

❸ 어떤 대상에 대하여 가지는 생각
- ☐ 사실
- ☐ 의견

❹ 모여 있던 사람들이 따로따로 흩어지다.
- ☐ 만나다
- ☐ 헤어지다

❺ 어떤 일이나 말을 할 때 서로 마주 대하는 대상
- ☐ 상대방
- ☐ 자기편

10 저금을 해요

- 돈을 모은다는 뜻을 가진 낱말에 색칠해요.
- 저금을 잘하기 위한 방법에 밑줄을 그어요.

1 어른들은 용돈을 주시면서 "아껴 쓰고 저금하렴."이라고 말씀하시곤 합니다. 이때 '저금'은 돈을 모은다는 뜻이랍니다. 그러면 '저금'은 어떻게 하는 것일까요? '저금'이라는 말을 들으면 떠오르는 물건이 있지요? 맞아요. '저금통'이 있죠. 돈을 저금통에 넣어서 직접 모을 수 있습니다. 돈을 은행에 맡기는 것도 저금이라고 해요. 은행에 돈을 맡기면 내가 저금한 액수가 적힌 '통장'을 만들어 주는데, 나중에 통장을 가져가면 내가 저금했던 돈을 되찾을 수 있답니다.

2 저금을 잘하기 위해서는 목표를 정하는 것이 좋습니다. 무작정 돈을 모으기보다는, 얼마를 모아서 그 돈으로 무엇을 하겠다는 목표를 세워 봐요. 그러면 목표한 돈을 모았을 때의 보람도 크고, 모은 돈을 계획적으로 쓸 수 있습니다. 또 용돈이 생겼을 때 저금할 돈과 쓸 돈을 나누고, 꼭 필요한 곳에만 돈을 쓰다 보면 돈을 낭비하지 않을 수 있습니다.

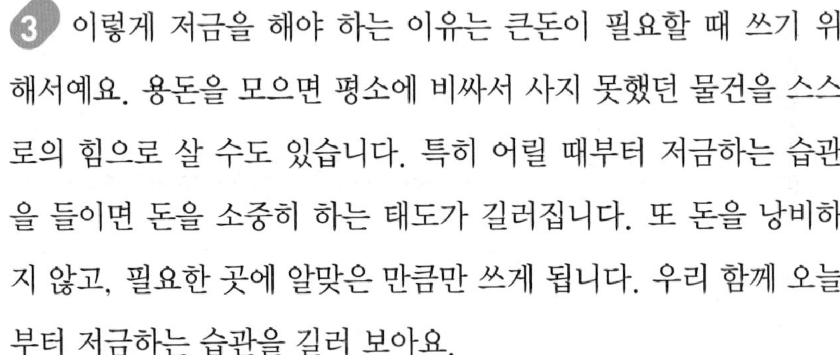

3 이렇게 저금을 해야 하는 이유는 큰돈이 필요할 때 쓰기 위해서예요. 용돈을 모으면 평소에 비싸서 사지 못했던 물건을 스스로의 힘으로 살 수도 있습니다. 특히 어릴 때부터 저금하는 습관을 들이면 돈을 소중히 하는 태도가 길러집니다. 또 돈을 낭비하지 않고, 필요한 곳에 알맞은 만큼만 쓰게 됩니다. 우리 함께 오늘부터 저금하는 습관을 길러 보아요.

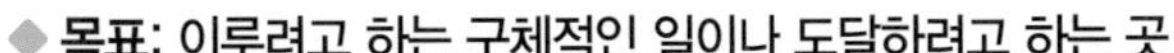

- **목표**: 이루려고 하는 구체적인 일이나 도달하려고 하는 곳
- **보람**: 어떤 일을 한 뒤에 얻어지는 좋은 결과나 만족감
- **낭비하지**: 돈·물건·시간 등을 함부로 쓰거나 헛되이 쓰지

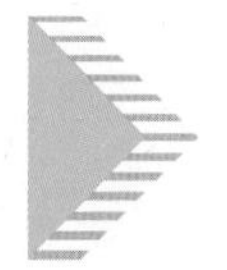

정답과 해설 24쪽

01 이 글의 중심 낱말로 알맞은 것을 찾아 ○ 표시를 하세요.

낭 비 　　 용 돈 　　 은 행 　　 저 금

02 저금하는 방법으로 알맞지 않은 것은 무엇인가요? [ ]

① 돈을 저금통에 넣어서 모은다.
② 용돈을 하나도 쓰지 않고 저금만 한다.
③ 얼마를 모아서 그 돈으로 무엇을 살지 정한다.

03 이 글을 읽고 도현이는 저금하는 습관을 길렀어요. 보기에서 도현이가 할 말을 고르세요. [ ]

보기

ㄱ 더 이상 용돈을 받지 않아도 된다	ㄴ 부모님께서 비싼 물건을 사 주시게 된다	ㄷ 큰돈이 드는 물건도 스스로의 힘으로 살 수 있다

04 다음은 이 글의 중심 내용이에요. 빈칸에 알맞은 낱말을 넣어 문장을 완성해 보세요.

저금을 잘하기 위해서는 [ㅁ][ㅍ]를 정하는 것이 좋다. 저금을 하면 [ㅋ][ㄷ]이 필요할 때 쓸 수 있고, 돈을 [ㄴ][ㅂ]하지 않을 수 있다.

어휘를 익혀요

01 따라 쓰며 낱말의 뜻을 찾아 바르게 연결해 보세요.

1 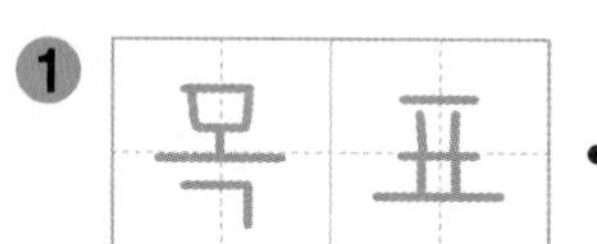

목표

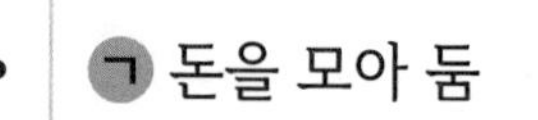

ㄱ 돈을 모아 둠

2 

습관

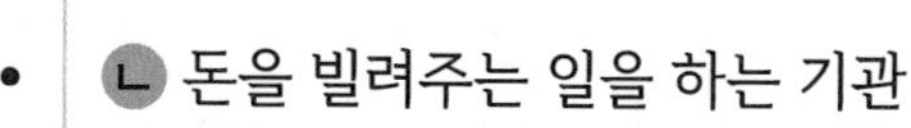

ㄴ 돈을 빌려주는 일을 하는 기관

3 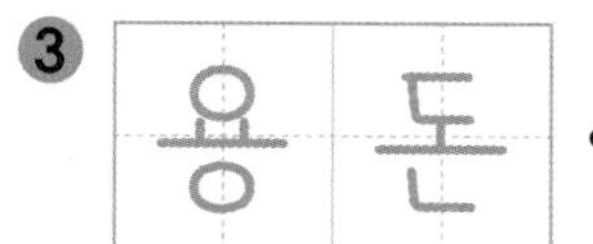

용돈

ㄷ 몸에 배어 언제나 그렇게 하는 버릇

4 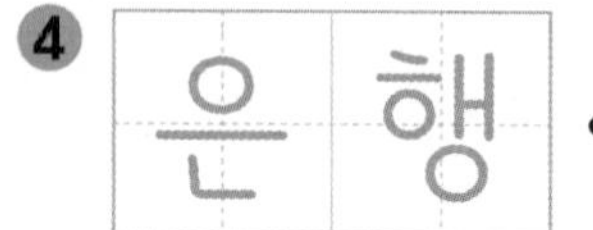

은행

ㄹ 특별한 목적을 갖지 않고 자유롭게 쓸 수 있는 돈

5 저금

ㅁ 이루려고 하는 구체적인 일이나 도달하려고 하는 곳

02 보기에서 알맞은 낱말을 골라 다음 문장을 바르게 완성하세요.

보기

목표　물건　보람　낭비(하다)　저금(하다)

1 물을 [ ][ ]하지 말고 아껴 써야 한다.

2 이번 체육 대회에서 우리 반의 [ ][ ]는 종합 우승이다.

3 승원이는 방학 때 [ ][ ] 있는 시간을 보내기 위해 계획표를 만들었다.

03 다음 뜻에 해당하는 낱말을 찾아 가로, 세로, 대각선으로 표시해 보세요.

물	건	비	선	물
모	습	관	싸	비
으	방	저	목	다
다	화	금	표	용
액	수	통	장	돈

1 물건값이나 비용의 액수가 많다.

2 돈을 집어넣어 모을 수 있게 만든 통

3 은행에서 예금과 출금의 내용을 적어 주는 작은 장부

4 무언가를 한군데로 합치거나 돈이나 재물을 써 버리지 않고 쌓아 두다.

특별 활동

안전

03 첨벙첨벙 놀기 전에

“안전 수칙은 안전을 위해 정해 놓은 규칙이에요. 왜 이런 규칙을 정했을지 생각하며 읽어요.”

지민이는 동생 지후와 함께 이모를 따라 해수욕장에 왔습니다. 수영복으로 얼른 갈아입고 물로 뛰어들려고 하는데 이모가 말립니다. 이모는 먼저 안전 수칙 안내판부터 확인해야 한다고 말씀하셨어요. 안전 수칙 안내판에 어떤 내용이 쓰여 있는지 함께 확인해 보아요.

물놀이 안전 수칙

1. 수영을 하기 전에는 반드시 준비 운동을 합니다.
2. 물이 갑자기 깊어지는 곳에는 들어가지 않습니다.
3. 배가 고플 때나 식사를 하고 난 직후에는 물에 들어가지 않습니다.
4. 소름이 돋고 추운 느낌이 들면 물에서 나온 후 몸을 따뜻하게 합니다.
5. 물에 들어갈 때에는 심장에서 먼 부분인 다리, 팔, 머리, 가슴 순서로 들어갑니다.
6. 물에 빠진 사람을 보면 혼자 구하려 하지 말고 주변에 소리쳐서 알려야 합니다.
7. 어린이는 꼭 구명조끼를 입고, 보호자가 볼 수 있는 곳에서 물놀이를 합니다.

활동해 보기

01 지민이와 지후의 행동 중에서 안전 수칙을 지킨 것을 모두 고르세요(2개).

02 지민이가 글을 모르는 동생에게 안전 수칙을 말해 주었어요. 잘못 말한 것은 무엇인가요?

① 물에 빠진 사람을 보면 직접 구해야 해.
② 어른들이 가까이 계신 곳에서 놀아야 해.
③ 물에 들어갈 때에는 심장에서 먼 곳부터 들어가야 해.

03 나만의 물놀이 안전 수칙 안내판을 만들어 봅시다. 빈 표지판에 내가 정한 안전 수칙을 쓰세요.

01 ②, ④ 02 ① 03 도움말 어떻게 해야 안전하게 물놀이를 할 수 있을지 생각해 보아요.

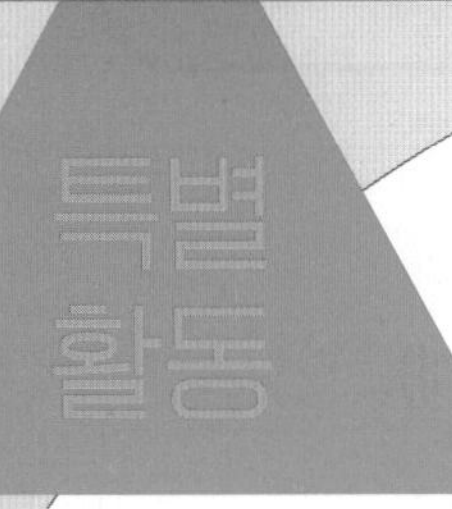

생활

04 맛있는 치치 김밥

"요리의 재료와 만드는 순서를 확인하며 읽어요."

김치와 치즈의 환상적인 만남, 치치 김밥을 소개합니다!

치치 김밥은 제가 만든 김밥이에요. 김치와 치즈를 넣어서 만드는 김밥이기 때문에 '김치'의 '치'와 '치즈'의 '치'를 따서 '치치 김밥'이라고 이름을 지었어요.

김밥에 햄이나 달걀 대신 새콤한 김치를 넣으면 색다른 요리가 된답니다. 여기에 고소한 치즈를 한 장 더하면, 새콤한 김치와 고소한 치즈가 어우러진 치치 김밥이 완성돼요. 자, 그럼 치치 김밥 만드는 법을 알려 드릴게요.

먼저 치치 김밥을 3줄 만들 수 있는 만큼의 재료를 준비하세요. 밥 1공기, 배추김치 반의반 포기, 치즈 3장, 김 3장이 필요해요. 재료를 준비했으면, 다음 순서에 따라 김밥을 만들어요.

1. 배추김치를 먹기 알맞은 크기로 썰어 주세요.
2. 김 위에 밥을 올린 후 골고루 펴세요.
3. 밥 위에 치즈 1장을 올리고, 그 위에 배추김치를 올리세요.
4. 김밥을 꾹꾹 누르면서 돌돌 말아 주세요.
5. 안전 칼을 이용해서 김밥을 적당한 두께로 썰어 주세요.

01 치치 김밥에 들어가는 재료에 모두 ○ 표시를 하세요(2개).

02 다음 음식과 그 음식을 세는 단위를 선으로 이으세요.

03 치치 김밥을 만드는 방법에 따라 보기 의 ㉠~㉤을 순서대로 쓰세요.

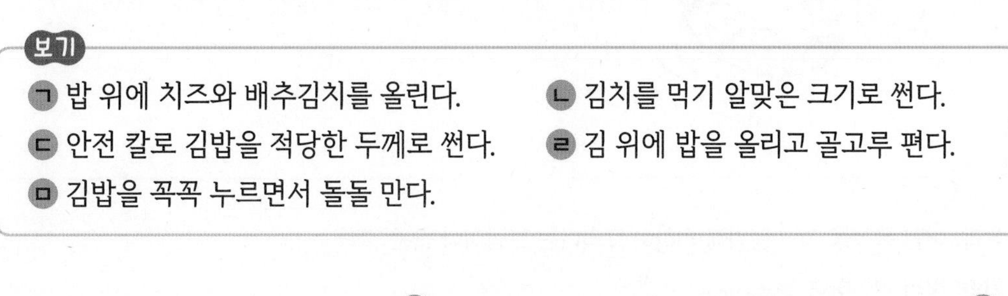

보기
- ㉠ 밥 위에 치즈와 배추김치를 올린다.
- ㉡ 김치를 먹기 알맞은 크기로 썬다.
- ㉢ 안전 칼로 김밥을 적당한 두께로 썬다.
- ㉣ 김 위에 밥을 올리고 골고루 편다.
- ㉤ 김밥을 꾹꾹 누르면서 돌돌 만다.

㉡ → → → → ㉢

01 김치, 치즈 02 ① ㉡ ② ㉢ ③ ㉠ 03 ㉣, ㉠, ㉤

11 올바른 약 먹기

◆ 몸이 아프면 무엇을 먹어야 하는지 해당하는 낱말에 색칠해요.
◆ 약을 올바르게 먹는 방법 세 가지에 각각 밑줄을 그어요.

1 우리는 몸이 아프면 약을 먹어요. 그런데 약은 올바른 방법으로 먹어야 효과가 있어요. 어떻게 하면 약을 올바르게 먹을 수 있을까요? 첫 번째, 약을 먹기 전에는 사용 기한을 잘 살펴봐야 해요. 음식에도 유통 기한이 있듯이, 약에도 사용 기한이 있어요. 사용 기한이 지나면 약의 효과가 떨어져요. 물약은 상하기도 하지요. 따라서 약을 먹기 전에 반드시 사용 기한을 확인해야 해요. 그리고 사용 기한이 지난 약은 우리 몸에 해로울 수 있으므로 먹으면 안 돼요.

2 두 번째, 약을 먹는 시간을 확인해야 해요. 독한 약을 빈속에 먹으면 속이 아파서 대부분의 약은 밥을 먹은 뒤에 먹어요. 먹은 음식들이 위를 보호하기 때문이지요. 하지만 모든 약을 꼭 밥을 먹고 나서 먹어야 하는 건 아니에요. 위장약 중에는 밥을 먹기 전에 먹어야 효과가 더 좋은 것도 많아요. 한편 멀미약은 밥 먹는 시간과 상관없이 차를 타기 1시간 전에 먹어야 효과가 좋아요. 이렇게 약은 종류별로 먹는 시간이 다르답니다.

3 세 번째, 약은 물과 함께 먹어야 해요. 약을 우유나 주스 등의 음료와 함께 먹으면 약의 효과가 떨어지거나, 오히려 필요 이상으로 높아질 수 있어요. 특히 감기약은 커피, 녹차, 코코아와 함께 먹으면 안 됩니다. 속이 울렁거리거나 어지러울 수 있거든요.

◆ **효과**: 어떤 목적을 지닌 행위에 의하여 드러나는 보람이나 좋은 결과
◆ **기한**: 미리 한정하여 놓은 시기
◆ **해로울**: 나쁜 영향을 주거나 해가 되는 점이 있을

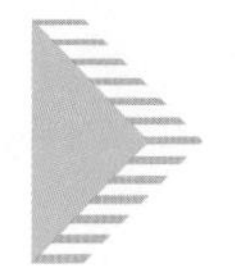

글을 이해해요

정답과 해설 26쪽

01 이 글의 중심 낱말로 알맞은 것을 찾아 ○ 표시를 하세요.

[물] [약] [감][기] [음][식] [주][스]

02 약에 대한 설명이 맞으면 ○, 틀리면 ✕ 표시를 하세요.

1 약은 우유나 녹차와 함께 먹어도 된다. [○ / ✕]

2 모든 약은 꼭 밥을 먹고 나서 먹어야 한다. [○ / ✕]

3 사용 기한이 지나면 약의 효과가 떨어진다. [○ / ✕]

03 다음 중 약을 바르게 먹은 사람은 누구인지 이름을 쓰세요.

[]

04 다음은 이 글의 중심 내용이에요. 빈칸에 알맞은 낱말을 넣어 문장을 완성해 보세요.

약을 올바르게 먹기 위해서는 [ㅅ][ㅇ][ㄱ][ㅎ]과 약을 먹어야 하는 [ㅅ][ㄱ]을 확인해야 한다. 그리고 약은 [ㅁ]과 함께 먹어야 한다.

어휘를 익혀요

01 따라 쓰며 낱말의 뜻을 찾아 바르게 연결해 보세요.

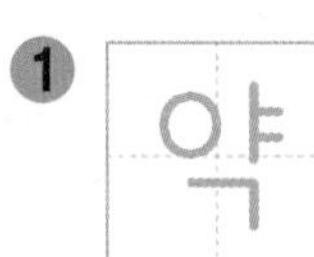

1 약 •　　• ㉠ 어떤 시각에서 어떤 시각까지의 사이

2 보호 •　　• ㉡ 위험이나 곤란을 당하지 않도록 보살펴 지킴

3 시간 •　　• ㉢ 사람이 먹을 수 있게 만든 밥이나 국이나 반찬

4 음식 •　　• ㉣ 병이나 상처를 낫게 하거나 미리 예방하기 위하여 쓰는 물질

5 대부분 •　　• ㉤ 절반이 훨씬 넘어 전체량에 거의 가까운 정도의 수효나 분량

02 보기에서 알맞은 낱말을 골라 다음 문장을 바르게 완성하세요.

보기

기한　　사용　　효과　　다르(다)　　해롭(다)

1 덜 익은 돼지고기는 몸에 ☐☐다.

2 유통 ☐☐이 지난 우유를 먹고 배탈이 났다.

3 식사 후에 양치질을 하는 습관은 충치를 예방하는 ☐☐가 있다.

정답과 해설 27쪽

03 다음 어휘 카드에 적힌 뜻을 읽고, 그 뜻에 알맞은 낱말을 골라 ✓ 표시를 하세요.

12 가을엔 왜 단풍이 들까

◆ 가을에 나뭇잎의 색이 변하는 것을 뜻하는 낱말에 색칠해요.
◆ 가을이 되면 나뭇잎의 색이 변하는 이유에 밑줄을 그어요.

1 가을이 되어 나뭇잎의 색이 변하는 것을 '단풍'이라고 합니다. 그리고 이렇게 단풍이 든 나뭇잎을 '단풍잎'이라고 부릅니다. 그런데 왜 가을이 되면 나뭇잎의 색이 변하는 것일까요? 그것은 나뭇잎에 들어 있는 엽록소의 양이 줄어들기 때문입니다. '엽록소'란 나뭇잎에 들어 있는 초록색 색소입니다. 봄과 여름에는 나뭇잎에 엽록소가 많이 들어 있어서 나뭇잎이 초록색을 띠는 것입니다. 그러나 가을이 되면 나뭇잎에 있는 엽록소가 적어지면서 나뭇잎에 있던 빨간색 색소나 노란색 색소가 두드러져 보이게 됩니다. 그래서 나뭇잎의 색이 변하는 것이죠.

2 그렇다면 가을에 나뭇잎 속 엽록소의 양이 줄어드는 이유는 무엇일까요? 나무가 물과 영양분이 부족한 겨울에 살아남으려면 나뭇잎은 버리고 줄기를 살려야 합니다. 그래서 나무는 기온이 내려가는 가을이 되면 줄기를 살리기 위해 나뭇잎으로 물과 영양분을 보내지 않습니다. 영양분을 받지 못한 나뭇잎에서는 엽록소가 생기지 않고, 남아 있던 엽록소도 점점 사라집니다. 초록색을 띠던 나뭇잎에 단풍이 드는 것은 추운 겨울을 견디기 위한 나무의 준비인 셈입니다.

◆ **색소**: 물체의 색깔이 나타나도록 해 주는 성분
◆ **영양분**: 영양이 되는 성분
◆ **부족한**: 필요한 양이나 기준에 미치지 못해 충분하지 아니한

정답과 해설 28쪽

01

이 글의 중심 낱말로 알맞은 것을 찾아 ○ 표시를 하세요.

가	을		단	풍		줄	기		영	양	분

02

엽록소에 대한 설명이 맞으면 ○, 틀리면 ✕ 표시를 하세요.

1 계절에 따라 나뭇잎 속 엽록소의 양은 다르다. [○ / ✕]

2 엽록소란 나뭇잎에 들어 있는 초록색 색소를 뜻한다. [○ / ✕]

3 엽록소는 영양분을 받지 못한 나뭇잎에서도 생겨난다. [○ / ✕]

03

가을에 단풍이 드는 이유는 무엇인가요? [ ]

① 나무가 나뭇잎에 영양분을 많이 보내기 때문에
② 나뭇잎 속의 엽록소가 빨간색으로 바뀌기 때문에
③ 나뭇잎 속의 엽록소의 양이 점점 줄어들기 때문에

04

다음은 이 글의 중심 내용이에요. 빈칸에 알맞은 낱말을 넣어 문장을 완성해 보세요.

가을이 되면 나뭇잎에 있는 [ㅇ][ㄹ][ㅅ]의 양이 줄어들기 때문에 [ㄷ][ㅍ]이 든다.

어휘를 익혀요

01 따라 쓰며 낱말의 뜻을 찾아 바르게 연결해 보세요.

1 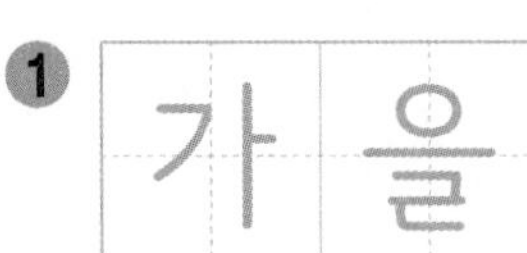
가을 • • ㄱ 영양이 되는 성분

2 피다 • • ㄴ 미리 마련하여 갖춤

3 색소 • • ㄷ 물체가 어떤 색깔이나 빛을 가지다.

4 준비 • • ㄹ 물체의 색깔이 나타나도록 해 주는 성분

5 영양분 • • ㅁ 한 해의 네 계절 가운데 세 번째 계절로, 여름과 겨울 사이임

02 보기에서 알맞은 낱말을 골라 다음 문장을 바르게 완성하세요.

보기

색소 줄기 영양분 초록색 부족(하다)

1 보라색 음료수에는 보라색 [ ][ ]가 들어 있다.

2 들기름과 참기름에는 식물성 [ ][ ][ ]이 아주 많이 있다.

3 나는 [ ][ ]한 외국어 실력을 높이기 위해 매일 영어 공부를 하고 있다.

정답과 해설 29쪽

03 갈림길에 낱말의 뜻이 적혀 있어요. 해당하는 낱말을 골라 민재에게 학교로 가는 길을 안내해 주세요.

13 가짜 꽃과 진짜 꽃

◆ 가짜 꽃과 진짜 꽃이 있는 식물 두 가지를 찾아 각각 색칠해요.
◆ 산수국과 삼백초가 가짜 꽃을 피우는 이유에 밑줄을 그어요.

▲ 산수국

▲ 삼백초

1 식물 중에는 가짜 꽃과 진짜 꽃을 가지고 있는 것들이 있어요. 산수국과 삼백초가 바로 여기에 속합니다. 왼쪽 첫 번째 사진에서 산수국의 진짜 꽃을 찾아볼까요? 만약 쟁반같이 크고 넓은 잎을 보고 꽃이라고 생각했다면, 산수국의 속임수◆에 딱 걸린 거예요. 진짜 꽃이라고 착각하기◆ 쉬운 넓은 잎은 사실 산수국의 가짜 꽃이랍니다. 가짜 꽃이 둘러싸고 있는 아주 작은 꽃이 산수국의 진짜 꽃이에요.

2 왼쪽 두 번째 사진 속 식물은 삼백초라고 합니다. 어디까지가 삼백초의 꽃일까요? 바로 얇고 길쭉하게 뻗어 나 있는 꽃대에 이삭 모양으로 뭉쳐 핀 작은 꽃이 삼백초의 진짜 꽃입니다. 꽃잎 같았던 넓은 부분은 사실 꽃이 필 무렵에 윗부분에 있는 잎들만 하얗게 변한 것이에요. 이 하얀 잎은 나중에 다시 초록색으로 돌아간다고 해요.

3 그렇다면 산수국과 삼백초는 왜 가짜 꽃을 피울까요? 그건 바로 곤충이 꽃을 발견하기 쉽도록 하기 위해서입니다. 꽃이 씨앗을 만들려면 곤충이 꽃가루를 옮겨 줘야 하는데, 산수국과 삼백초의 진짜 꽃은 너무 작아서 곤충이 발견하기 어렵습니다. 그래서 화려한 가짜 꽃을 만들어서 곤충을 유인하는◆ 것이죠.

◆ **속임수**: 남을 속이는 짓
◆ **착각하기**: 무엇을 실제와 다르게 잘못 알거나 생각하기
◆ **유인하는**: 흥미를 일으켜 꾀어내는

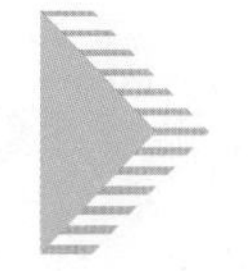

정답과 해설 30쪽

01 이 글의 중심 낱말로 알맞은 것을 찾아 ○ 표시를 하세요(2개).

곤	충		씨	앗		산	수	국		삼	백	초

02 산수국과 삼백초에 대한 설명이 맞으면 ○, 틀리면 × 표시를 하세요.

1 산수국의 진짜 꽃은 쟁반같이 크고 넓다. [○ / ×]

2 하얗게 변한 삼백초의 잎은 나중에 초록색으로 돌아간다. [○ / ×]

3 산수국과 삼백초는 모두 진짜 꽃과 가짜 꽃이 있는 식물이다. [○ / ×]

03 이 글에 대한 설명으로 알맞은 것을 골라 보세요.

1 꽃은 곤충이 [꽃잎 / 꽃가루]를 옮겨 줘야 씨앗을 만들 수 있다.

2 산수국과 삼백초의 [진짜 꽃 / 가짜 꽃]은 크기가 작아서 곤충이 발견하기 어렵다.

04 다음은 이 글의 중심 내용이에요. 빈칸에 알맞은 낱말을 넣어 문장을 완성해 보세요.

산수국과 삼백초는 [ㄱ][ㅊ]이 꽃을 발견하기 쉽도록 [ㄱ][ㅉ][ㄲ]을 피운다.

어휘를 익혀요

01 따라 쓰며 낱말의 뜻을 찾아 바르게 연결해 보세요.

1 꽃 • • ㄱ 남을 속이는 짓

2 곤충 • • ㄴ 수술의 꽃밥에서 만들어진 가루

3 쟁반 • • ㄷ 동글납작하거나 네모난, 넓고 큰 그릇

4 꽃가루 • • ㄹ 벌·개미·나비 등 머리, 가슴, 배의 세 부분으로 나뉘고 다리가 6개인 동물

5 속임수 • • ㅁ 식물의 가지나 줄기 끝에 아름다운 빛깔과 모양으로 피는, 씨나 열매를 맺는 부분

02 보기에서 알맞은 낱말을 골라 다음 문장을 바르게 완성하세요.

보기

산수국　속임수　길쭉(하다)　유인(하다)　착각(하다)

1 낚시꾼은 미끼로 물고기를 ☐☐하는 중이다.

2 경찰은 범인의 뻔한 ☐☐☐에 넘어가지 않았다.

3 자라와 거북이는 생김새가 비슷해서 ☐☐하기 쉽다.

정답과 해설 31쪽

03 다음 어휘 카드에 적힌 낱말의 뜻을 생각하며 물음에 답하세요.

(1) 제시된 낱말과 비슷한 낱말을 골라 ○ 표시를 하세요.

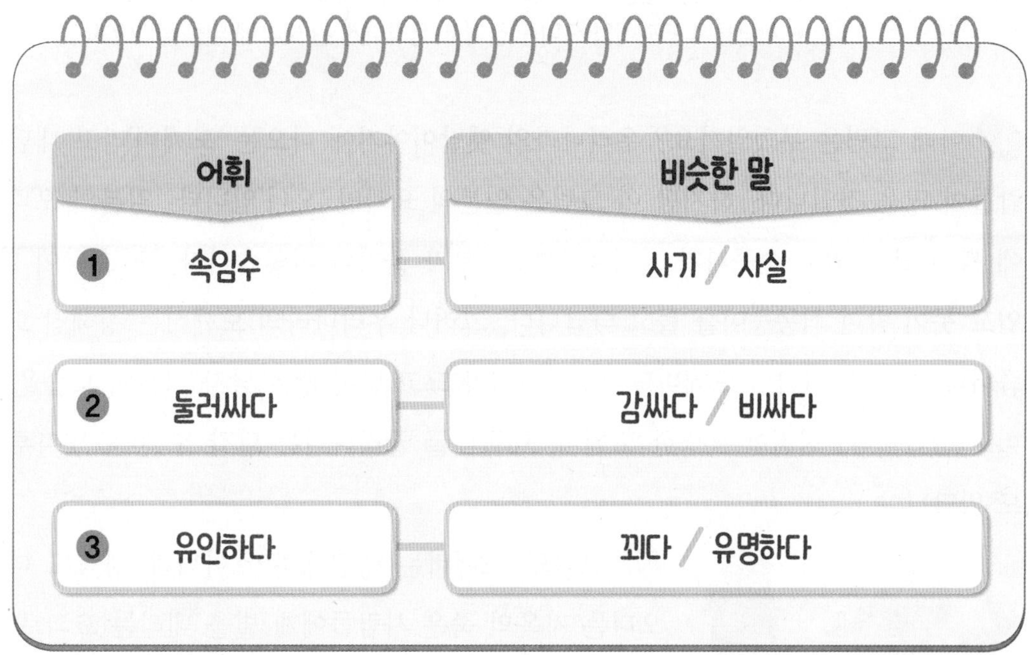

어휘	비슷한 말
① 속임수	사기 / 사실
② 둘러싸다	감싸다 / 비싸다
③ 유인하다	꾀다 / 유명하다

(2) 제시된 낱말과 반대되는 낱말을 골라 ○ 표시를 하세요.

어휘	반대말
① 넓다	낮다 / 좁다
② 길쭉하다	날씬하다 / 짤막하다
③ 화려하다	수수하다 / 화사하다

14 도깨비가 아니라니

- 우리나라와 일본의 귀신을 찾아 각각 색칠해요.
- 사람들이 도깨비와 오니를 같다고 생각하게 된 이유에 밑줄을 그어요.

1 아래 그림은 무엇일까요? 우리나라의 옛날이야기에 나오는 '도깨비'라고 대답하는 사람들이 많을 것입니다. 하지만 이 그림은 일본의 요괴인 '오니'입니다. 일본의 오니는 머리에 뿔이 달려 있고 송곳니가 날카로우며, 피부가 붉거나 파랗습니다. 또 호랑이 가죽옷을 입고 못이 박힌 쇠몽둥이를 들고 다닙니다. 그러나 우리나라의 도깨비는 정해진 모습이 없습니다. 다리가 하나인 도깨비도 있고, 덩치가 크고 털이 많은 남자 어른의 모습을 한 도깨비도 있습니다. 심지어 투명한 도깨비, 데굴데굴 굴러다니는 달걀 도깨비, 빗자루 도깨비도 있답니다.

2 오니와 도깨비는 생김새뿐만 아니라 성격도 다릅니다. 오니는 지옥의 죽은 사람들에게 벌을 내리는 요괴로, 싸움을 좋아하고 잔인한 성격입니다. 하지만 도깨비는 장난을 좋아하고 노래와 춤을 즐깁니다. 우리나라의 옛날이야기에는 사람의 꾀에 속는 순진한 도깨비나, 사람과 어울려 놀고 사람을 부자로 만들어 주는 착한 도깨비도 등장합니다.

3 도깨비와 오니는 모습이나 성격이 이렇게 다른데 사람들이 왜 이 둘을 같다고 생각하게 된 걸까요? 그것은 약 100년 전 우리나라 교과서에, 도깨비가 오니의 모습으로 잘못 그려졌기 때문입니다. 오래전 교과서에 잘못 표현된 도깨비의 모습이 지금까지 전해진 것이죠. 그러니 지금부터라도 우리나라 도깨비의 원래 모습을 알고 있는 게 좋겠죠?

- **요괴**: 전설이나 옛날이야기에서, 인간에게 해를 끼치는 나쁜 귀신
- **투명한**: 물 따위가 속까지 환히 비치도록 맑은
- **순진한**: 마음이 꾸밈이 없이 깨끗하고 참된

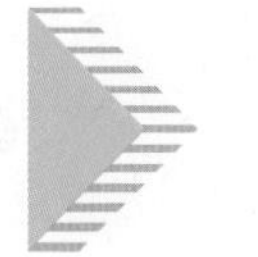

정답과 해설 32쪽

01 이 글의 중심 낱말로 알맞은 것을 찾아 ○ 표시를 하세요(2개).

뿔

오	니

도	깨	비

쇠	몽	둥	이

02 우리나라 도깨비에 대한 설명이면 도깨비에, 일본의 오니에 대한 설명이면 오니에 ✓ 표시를 하세요.

	도깨비	오니
1 사람들에게 쉽게 속아 넘어간다.	☐	☐
2 지옥의 죽은 사람들에게 벌을 내린다.	☐	☐
3 사람들과 어울려 노래를 부르고 춤을 춘다.	☐	☐

03 우리가 도깨비와 오니를 같다고 생각하게 된 이유는 무엇인가요? [ ]

① 도깨비와 오니 모두 뿔이 달려서
② 일본의 책에서 도깨비와 오니를 같다고 설명해서
③ 옛날 우리나라 교과서에 도깨비가 오니의 모습으로 잘못 그려져서

04 다음은 이 글의 중심 내용이에요. 빈칸에 알맞은 낱말을 넣어 문장을 완성해 보세요.

일본의 오니와 우리나라의 [ㄷ][ㄲ][ㅂ]는 생김새뿐만 아니라 성격도 다르다. 오니는 [ㅆ][ㅇ]을 좋아하고 잔인한 성격이지만, 도깨비는 [ㅈ][ㄴ]을 좋아하고 노래와 춤을 즐긴다.

어휘를 익혀요

01 따라 쓰며 낱말의 뜻을 찾아 바르게 연결해 보세요.

1 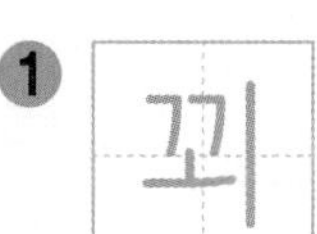

2 덩치

3 요괴

4 장난

5 생김새

㉠ 생긴 모양새

㉡ 몸의 전체적인 부피나 크기

㉢ 주로 어린아이들이 재미로 하는 짓

㉣ 일을 잘 꾸미거나 해결해 내거나 하는, 묘한 생각이나 수단

㉤ 전설이나 옛날이야기에서, 인간에게 해를 끼치는 나쁜 귀신

02 보기에서 알맞은 낱말을 골라 다음 문장을 바르게 완성하세요.

보기

요괴	장난	순진(하다)	잔인(하다)	투명(하다)

1 내 얼굴이 ☐☐한 냇물에 비쳤다.

2 ☐☐한 사람들은 사기꾼의 거짓말을 믿어 버렸다.

3 옛날이야기에는 종종 ☐☐가 등장하여 사람들을 괴롭힌다.

정답과 해설 33쪽

03 다음 어휘 카드에 적힌 뜻을 읽고, 그 뜻에 알맞은 낱말을 골라 ✓ 표시를 하세요.

15 냄새 맡은 값

◆ 등장인물 중 냄새 맡은 값을 치른 사람은 누구인지 색칠해요.
◆ 아들이 고기 냄새를 맡은 값을 치른 방법에 밑줄을 그어요.

1 옛날 어느 마을에 가난한 사람과 부자가 살고 있었어요. 하루는 가난한 사람이 길을 가는데 부잣집에서 고기 굽는 냄새가 솔솔 풍겼어요. 며칠을 굶은 가난한 사람은 부잣집 담벼락에 서서 고기 굽는 냄새를 맡기 시작했어요. 그때 부자가 나와 크게 소리쳤어요.

"남의 집에서 나오는 냄새를 공짜로 맡는 법이 어디 있나?"

"아니, 냄새 맡는 것도 값을 치러야 한단 말이오?"

"저 고기는 내 돈으로 산 것이니 냄새도 내 것일세. 그러니 냄새 맡은 값을 내게. 내일까지 돈을 가져오게!"

2 가난한 사람이 힘없이 집으로 오자, 그의 아들이 왜 그러시냐고 아버지께 물었어요. 가난한 사람이 억지를 부리던 부자와 있었던 일을 이야기해 주자 아들이 말했어요.

"아버지, 좋은 생각이 났어요. 제게 돈을 몇 냥만 빌려주세요."

이튿날 아들은 돈을 가지고 마을 사람들과 함께 부잣집으로 갔어요.

"고기 냄새를 맡은 값을 가지고 왔습니다!"

욕심 많은 부자가 얼른 나왔어요. 그런데 아들이 돈은 주지 않고 엽전 꾸러미를 아래위로 흔드는 것이 아니겠어요? 그러자 엽전 소리가 짤랑짤랑 났어요.

"돈 소리 잘 들으셨지요? 이제 저는 가 보겠습니다."

"소리만 내고 어딜 가느냐? 돈을 냉큼 내놓아야지!"

"우리 아버지가 고기는 구경도 못 하고 냄새만 맡았으니, 그 값도 소리로만 드리는 것이 옳지 않겠습니까?"

그러자 따라온 마을 사람들이 모두 웃음을 터뜨렸어요. 부끄러워진 부자는 얼굴이 빨개져서 도로 집으로 들어가 버렸답니다.

◆ **공짜:** 힘이나 돈을 들이지 않고 거저 얻은 물건
◆ **억지:** 잘 안될 일을 무리하게 기어이 해내려는 고집
◆ **꾸러미:** 꾸리어 싼 물건

글을 이해해요

정답과 해설 34쪽

01 이 글에서 지혜롭게 문제를 해결한 인물은 누구인지 찾아 ○ 표시를 하세요.

부자	아들	가난한 사람	마을 사람들

02 부자의 성격으로 알맞은 것을 모두 골라 ✓ 표시를 하세요(2개).

- [ ] 욕심이 많다.
- [ ] 이웃을 잘 도와준다.
- [ ] 말도 안 되는 고집을 부린다.
- [ ] 자기 일을 열심히 하고 부지런하다.

03 아들이 부자에게 고기 냄새를 맡은 값을 치른 방법은 무엇인가요? [ ]

① 부자에게 엽전을 주었다.
② 부자에게 엽전 소리만 들려주었다.
③ 부자에게 한번만 봐 달라고 빌었다.

04 다음은 이 글의 중심 내용이에요. 빈칸에 알맞은 낱말을 넣어 문장을 완성해 보세요.

가난한 사람의 아들은 고기 굽는 [ㄴ][ㅅ]를 맡은 값으로 부자에게 [ㅇ][ㅈ] [ㅅ][ㄹ]만을 들려주었다.

어휘를 익혀요

01 따라 쓰며 낱말의 뜻을 찾아 바르게 연결해 보세요.

1. 공짜 • • ㄱ 꾸리어 싼 물건
2. 구경 • • ㄴ 흥미나 관심을 가지고 봄
3. 엽전 • • ㄷ 예전에 사용하던, 놋쇠로 만든 돈
4. 욕심 • • ㄹ 힘이나 돈을 들이지 않고 거저 얻은 물건
5. 꾸러미 • • ㅁ 무엇을 지나치게 탐내거나 누리고자 하는 마음

02 빈칸에 들어갈 알맞은 낱말을 보기에서 찾아 쓰세요.

보기

공짜 냄새 억지 꾸러미 부잣집

1. 동생이 ☐☐를 쓰며 땅바닥에 나뒹굴었다.
2. 경비원이 걸을 때마다 열쇠 ☐☐☐가 찰캉거린다.
3. 이 가게에서는 쿠폰을 사용하면 음료수를 ☐☐로 마실 수 있다.

정답과 해설 35쪽

03 갈림길에 낱말의 뜻이 적혀 있어요. 해당하는 낱말을 골라 민재에게 채소 가게로 가는 길을 안내해 주세요.

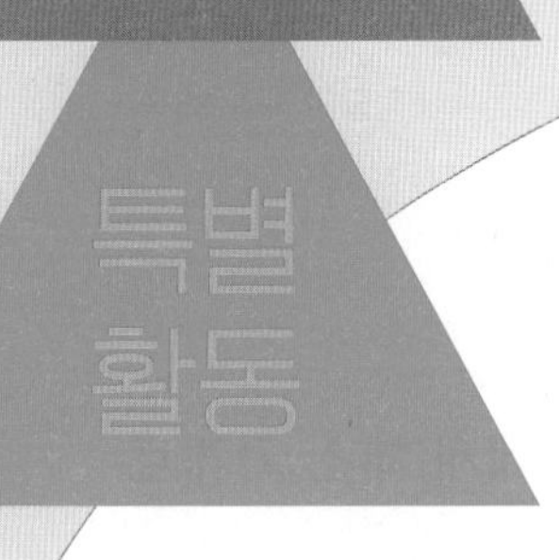

안전

05 손만 잘 씻어도

“ 손을 잘 씻어야 하는 이유와 손을 씻는 올바른 방법을 이해해요. ”

여러분은 어떻게 손을 씻나요? 손을 씻는 데에도 올바른 방법이 있어요. 눈에 보이지 않는다고 손에 세균이 없는 것은 아니랍니다. 손을 씻지 않으면 세균이 엄청난 속도로 늘어나지요. 손만 제대로 씻어도 이런 세균을 없앨 수 있기 때문에 여러 가지 병을 예방할 수 있어요. 그러나 물로만 대충 씻으면 세균은 사라지지 않고 손에 남아 있어요. 비누를 써서 흐르는 물에 30초 이상 씻어야만 세균을 없앨 수 있답니다. 어떻게 씻어야 손이 깨끗해지는지 그림으로 알아볼까요?

올바른 손 씻기 6단계

❶ 손바닥

손바닥과 손바닥을 마주 대고 문질러 주세요.

❷ 손등

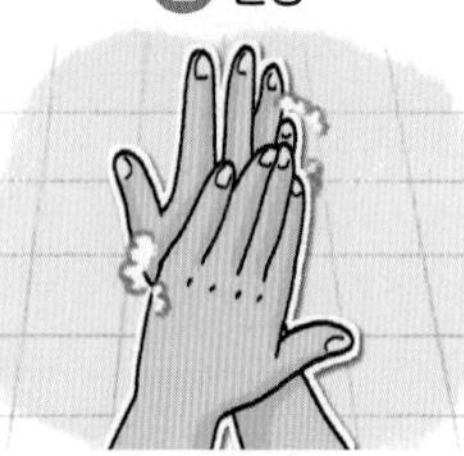

손등과 손바닥을 마주 대고 문질러 주세요.

❸ 손가락 사이

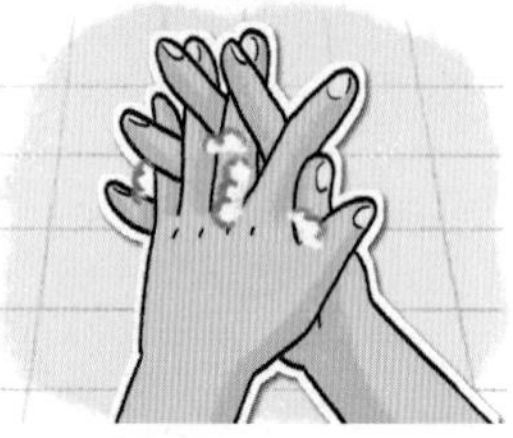

손바닥을 마주 댄 후, 손깍지를 끼고 문질러 주세요.

❹ 손가락 앞뒤

손가락끼리 마주 잡고 문질러 주세요.

❺ 엄지손가락

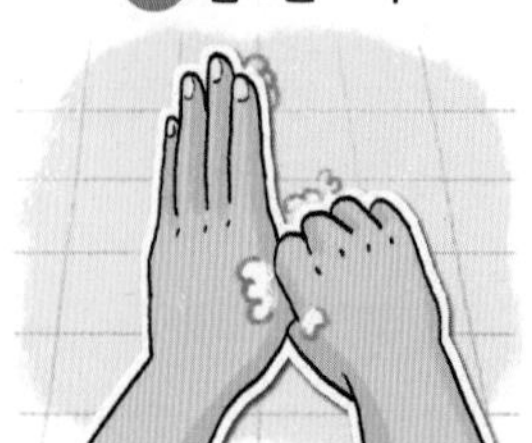

엄지손가락을 다른 편 손바닥으로 잡고 돌리면서 문질러 주세요.

❻ 손톱 밑

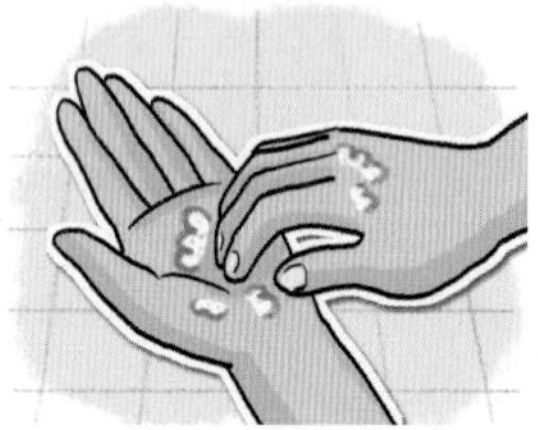

손가락을 반대편 손바닥에 놓고 문지르며 손톱 밑을 비비세요.

01 이 글에서 손을 잘 씻으라고 하는 이유는 무엇인가요?

① 손을 씻지 않으면 미끄러워서
② 화장실을 빨리 다녀오기 위해서
③ 손에 있는 세균을 없애기 위해서

02 다음 손을 씻는 방법에 대한 설명이 맞으면 ○, 틀리면 × 표시를 하세요.

1. 물로만 씻는다. [○ / ×]
2. 흐르는 물에 씻는다. [○ / ×]
3. 30초 넘게 꼼꼼히 씻는다. [○ / ×]

03 올바른 손 씻기 6단계에 따라 씻어야 하는 손의 부위를 순서대로 정리했어요. 빈칸에 들어갈 알맞은 손의 부위를 쓰세요.

01 ③ 02 ❶ × ❷ ○ ❸ ○ 03 ㄷ 손가락 사이 ㅂ 손톱 밑

생활

06 따로따로 모아요

다 쓴 물품을 다시 쓸 수 있게 만드는 것을 '재활용'이라고 해요. 그리고 재활용하여 다시 쓸 수 있는 물품이나, 재활용해서 다시 만든 물품을 '재활용품'이라고 해요. 재활용품을 정리하는 방법을 알아보아요.

"재활용품을 정리할 때 지켜야 하는 여러 가지 규칙을 확인하며 읽어요."

01

재활용품을 정리할 때 지켜야 하는 규칙이 아닌 것은 무엇인가요? 

① 재활용품의 겉에 붙은 상표를 떼어 냅니다.
② 재활용품에 무엇이 묻어 있으면 물로 헹궈 냅니다.
③ 병과 뚜껑의 재질이 달라도 뚜껑을 잘 닫아서 내놓습니다.

02

다음 재활용품을 어떤 종류의 재활용품으로 분류하면 좋을지 보기에서 고르세요.

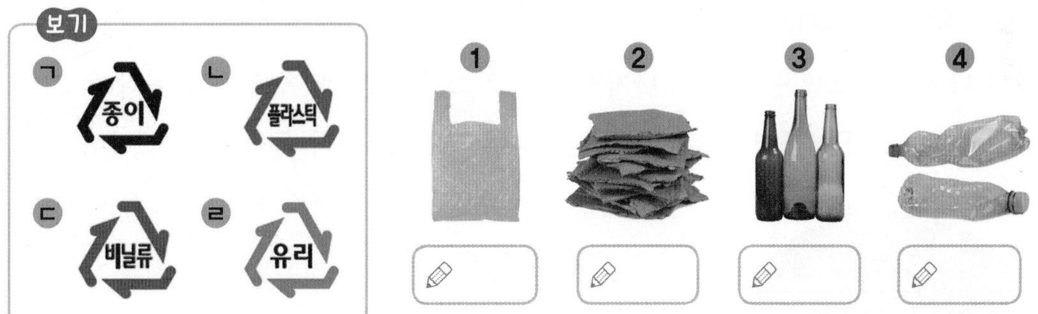

03

다음 친구들이 재활용품을 정리한 방법이 맞으면 ○, 틀리면 × 표시를 하세요.

❶ 우유를 다 마시고 나서 우유팩 안을 물로 헹구었어요. 헹군 우유팩은 종이와 따로 모았어요. [○ / ×]

❷ 유리 콜라병에 남은 콜라는 버리고, 병을 깨끗이 씻었어요. 병에 붙은 상표를 떼고 알루미늄 뚜껑은 따로 모았어요. [○ / ×]

❸ 깨어진 유리컵을 신문지로 잘 쌌어요. 그러고 나서 다른 유리병들과 함께 재활용품을 모으는 곳에 가져다 놓았어요. [○ / ×]

01 ③ 02 ❶ ㄷ ❷ ㄱ ❸ ㄹ ❹ ㄴ 03 ❶ ○ ❷ ○ ❸ ×

《 공부한 날짜 월 일 》

16 방귀, 참지 말자

◆ 항문으로 나오는 구린내 나는 가스를 의미하는 낱말에 색칠해요.
◆ 방귀를 참으면 몸에 어떤 변화가 생기는지 해당하는 부분에 모두 밑줄을 그어요.

1 뿡! 윽, 이게 무슨 냄새죠? 여러분이 생각한 것처럼 불쾌한 냄새의 정체는 바로 방귀입니다. 방귀는 우리의 엉덩이 사이 항문으로 나오는 구린내 나는 가스를 말합니다. 그럼 방귀는 어떻게 만들어질까요? 방귀는 우리가 음식을 먹을 때 함께 삼킨 공기와, 장 안에서 음식물이 소화되면서 생긴 가스가 섞인 것입니다. 방귀를 뀌면 소리도 나고 냄새도 나서 사람들은 창피해합니다. 그래서 부끄러운 마음에 방귀를 꾹 참기도 하지요. 그런데 방귀를 참아도 괜찮은 것일까요?

2 방귀를 참으면 몸 밖으로 나가지 못한 가스가 점점 배 속에 차게 됩니다. 그렇게 가스가 차면 대장이 부풀어 오르고 대장이 제대로 운동을 하지 못하게 되어 변비가 생길 수도 있습니다. 방귀를 참아서 가스가 몸에 계속 쌓이면 우리 몸은 결국 다른 길로 가스를 내보냅니다. 예를 들어 방귀로 나가지 못한 가스는 피부를 통해 밖으로 나가기도 하는데, 그러면 가스에 있는 독소 때문에 피부에 여드름이 생길 수도 있습니다. 또 이 독소가 폐로 가면 입에서 방귀 냄새가 나기도 합니다. 그래도 계속 방귀를 참으면 배가 심하게 아플 수도 있습니다.

3 건강한 남자 어른이라면 하루에 14번에서 25번 정도 방귀를 뀌는 것은 지극히 정상이라고 합니다. 그러니 더 이상 창피해하지 말고 방귀가 나오면 억지로 참지 말기로 해요.

◆ **불쾌한**: 기분이나 느낌이 언짢거나 싫은
◆ **소화되면서**: 섭취한 음식물이 분해되어 영양분이 흡수되기 쉬운 형태로 변화되면서
◆ **독소**: 해로운 요소. 생물에서 생기는 강한 독성의 물질

정답과 해설 36쪽

01 이 글의 중심 낱말로 알맞은 것을 찾아 ○ 표시를 하세요.

공기　　냄새　　방귀　　음식물

02 방귀의 정체는 무엇인가요? 빈칸에 들어갈 알맞은 말을 쓰세요.

03 방귀를 참으면 어떤 일이 벌어질까요? 그림을 보면서 빈칸에 들어갈 알맞은 말을 쓰세요.

1 ☐이 부풀어 올라요.　　피부에 2 ☐이 생겨요.　　3 ☐가 아파요.

04 다음은 이 글의 중심 내용이에요. 빈칸에 알맞은 낱말을 넣어 문장을 완성해 보세요.

방귀를 참으면 대장에 가스가 차게 되어 ㅂㅂ가 생길 수 있고, 가스에 있는 ㄷㅅ 때문에 여드름이 생기거나 입 냄새가 날 수 있다. 그러므로 방귀를 억지로 참으면 안 된다.

어휘를 익혀요

01 따라 쓰며 낱말의 뜻을 찾아 바르게 연결해 보세요.

1 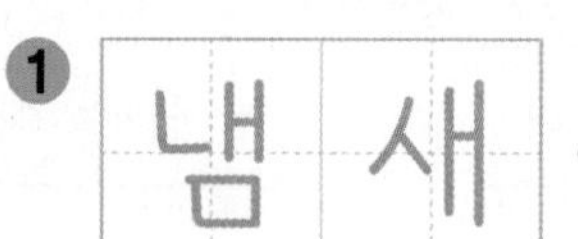

2 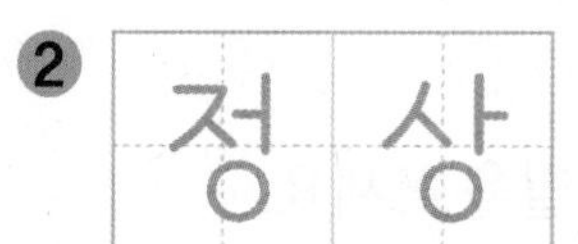

3 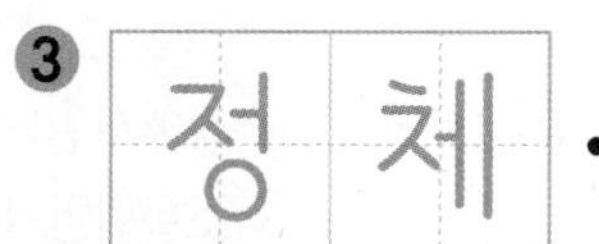

4 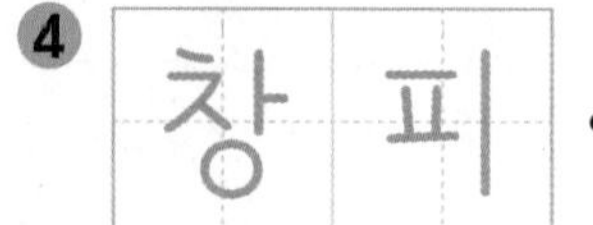

5 피부

- ㄱ 참된 본디의 모습
- ㄴ 코로 맡을 수 있는 온갖 기운
- ㄷ 척추동물의 몸을 싸고 있는 조직
- ㄹ 특별한 변동이나 탈이 없이 제대로인 상태
- ㅁ 체면이 깎이는 일이나 아니꼬운 일을 당함

02 보기에서 알맞은 낱말을 골라 다음 문장을 바르게 완성하세요.

보기

가스　독소　불쾌(하다)　소화(되다)　창피(하다)

1 방 안으로 들어가니 몹시 ☐☐한 냄새가 났다.

2 음식물은 우리 몸의 위와 장에서 대부분 ☐☐된다.

3 이 뱀의 ☐☐는 매우 위험하므로 물리면 빨리 응급조치를 해야 한다.

정답과 해설 37쪽

03 다음 뜻에 해당하는 낱말을 찾아 가로, 세로, 대각선으로 표시해 보세요.

❶ 사람이 먹고 마시는 것을 통틀어 이르는 말

.... □□□

❷ 해로운 요소. 생물에서 생기는 강한 독성의 물질

.... □□

❸ 주로 사춘기에, 얼굴에 도톨도톨하게 나는 검붉고 작은 종기

.... □□□

❹ 섭취한 음식물을 분해하여 영양분을 흡수하기 쉬운 형태로 변화시키는 일

.... □□

17 모기의 이중생활

- ◆ 이 글에서 설명하는 동물을 찾아 색칠해요.
- ◆ 모기에 물린 사람들이 죽는 이유를 찾아 밑줄을 그어요.

1 잠 못 자게 하는 귀찮은 모기

피를 빠는 모기는 알을 낳으려는 암컷입니다. 모기가 빨아들인 피는 알을 키우는 영양분이 됩니다. 알을 밴 암컷 모기는 피를 빨기 위해 여섯 개의 침을 이용합니다. 알을 낳지 않는 수컷 모기는 꽃의 꿀이나 과일의 즙을 마십니다. 모기는 피를 빨면서 피가 굳지 않도록 '히루딘'이라는 물질을 우리 몸에 집어넣습니다. 그래서 모기에게 물린 자리가 붓고 가려운 것입니다. 앵앵거리는 소리와 가려움으로 우리를 잠 못 들게 하는 모기, 참 귀찮은 존재입니다.

2 사람을 죽이는 위험한 동물, 모기

귀찮게만 느껴졌던 모기는 사실 사람을 죽이는 무시무시한 동물입니다. 모기가 피를 빨면서 병의 원인이 되는 바이러스나 세균을 같이 옮기기 때문입니다. 그 결과 매년 70만 명 이상이 모기가 옮기는 병으로 죽습니다. 1년에 뱀에 물려 죽는 사람이 5만 명, 악어에 물려 죽는 사람이 1,000명, 사자에 물려 죽는 사람이 250명 정도라고 합니다. 이 숫자만 봐도 모기가 정말 위험한 동물이라는 것을 알 수 있습니다.

5만 명

1,000명

250명

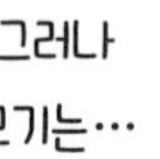
그러나 모기는…

70만 명

- ◆ **밴**: 배 속에 아이나 새끼, 또는 알을 가진
- ◆ **가려움**: 긁고 싶은 기분을 일으키는 감각
- ◆ **세균**: 눈으로 볼 수 없을 만큼 작고 병을 일으키거나 부패 작용을 하는, 세포가 하나뿐인 생물

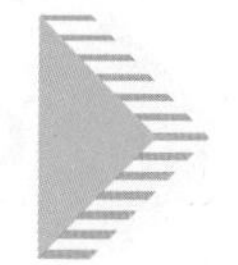

글을 이해해요

정답과 해설 38쪽

01 이 글의 중심 낱말로 알맞은 것을 찾아 ◯ 표시를 하세요.

[뱀]　　[모][기]　　[사][자]　　[악][어]

02 모기에 대한 설명이 맞으면 ◯, 틀리면 ✕ 표시를 하세요.

1 암컷 모기는 꽃의 꿀이나 과일의 즙을 마신다. [◯ / ✕]

2 수컷 모기는 알을 낳기 위해 피에서 영양분을 얻는다. [◯ / ✕]

3 모기에게 물린 자리가 가려운 이유는 히루딘이라는 물질 때문이다. [◯ / ✕]

03 모기가 위험한 동물인 이유는 무엇인가요? [✎]

① 모기가 뱀, 악어, 사자보다 작기 때문이다.
② 모기가 독특한 소리를 내며 날기 때문이다.
③ 모기가 옮기는 세균으로 많은 사람이 죽기 때문이다.

04 다음은 이 글의 중심 내용이에요. 빈칸에 알맞은 낱말을 넣어 문장을 완성해 보세요.

[ㅇ][ㅋ] 모기는 피를 빨 때 [ㅂ][ㅇ][ㄹ][ㅅ]나 [ㅅ][ㄱ]을 우리 몸에 같이 옮긴다. 그 결과 매년 70만 명 이상의 사람들이 모기가 옮긴 병으로 죽는다.

어휘를 익혀요

01 따라 쓰며 낱말의 뜻을 찾아 바르게 연결해 보세요.

① 즙	• •	㉠ 긁고 싶은 기분을 일으키는 감각
② 세균	• •	㉡ 물기가 들어 있는 물체에서 짜낸 액체
③ 수컷	• •	㉢ 암수의 구별이 있는 동물에서 새끼를 배는 쪽
④ 암컷	• •	㉣ 암수의 구별이 있는 동물에서 새끼를 배지 아니하는 쪽
⑤ 가려움	• •	㉤ 눈으로 볼 수 없을 만큼 작고 병을 일으키거나 부패 작용을 하는, 세포가 하나뿐인 생물

02 보기에서 알맞은 낱말을 골라 다음 문장을 바르게 완성하세요.

보기

배(다) 빨(다) 세균 가려움 영양분

① 저 암소는 배 속에 새끼를 [ ]고 있다.

② [ ][ ][ ]을 못 참고 딱지가 생긴 곳을 자꾸 긁었더니 피가 났다.

③ 장마철에는 습도가 높아 [ ][ ]이 쉽게 번식하여 음식이 빨리 상할 수 있다.

정답과 해설 39쪽

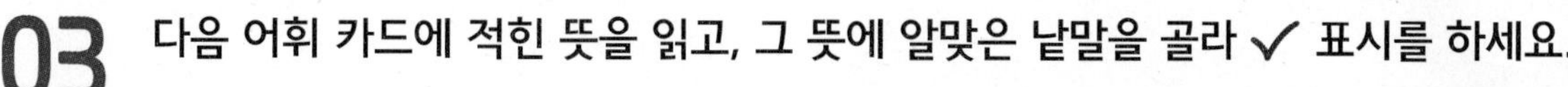

03 다음 어휘 카드에 적힌 뜻을 읽고, 그 뜻에 알맞은 낱말을 골라 ✓ 표시를 하세요.

1. 마음에 들지 아니하고 괴롭거나 성가시다.
   - □ 귀찮다
   - □ 하찮다

2. 암수의 구별이 있는 동물에서 새끼를 배는 쪽
   - □ 수컷
   - □ 암컷

3. 해로움이나 손실이 생길 우려가 있음. 또는 그런 상태
   - □ 안전
   - □ 위험

4. 이, 빈대, 모기 등의 벌레에게 주둥이 끝으로 살이 찔리다.
   - □ 걸리다
   - □ 물리다

5. 사람을 제외한 길짐승, 날짐승, 물짐승 따위를 통틀어 이르는 말
   - □ 동물
   - □ 식물

18 단군 신화로부터 얻은 교훈

◆ 이 글에서 사람이 된 동물을 찾아 색칠해요.
◆ 단군 신화 속 곰의 모습을 통해 배울 수 있는 교훈은 무엇인지 밑줄을 그어요.

1 하늘을 다스리는 신의 아들인 환웅은 인간 세상을 사랑했어요. 그는 인간 세상을 편안하게 해 주려고 하늘 세상의 사람들을 이끌고 인간 세상으로 내려왔어요. 어느 날 곰과 호랑이가 환웅에게 찾아와 제발 사람이 되게 해 달라고 빌었어요. 그러자 환웅은 곰과 호랑이에게 어두운 동굴에서 백 일 동안 쑥과 마늘만 먹어야 한다고 했어요. 사람이 되고 싶었던 곰과 호랑이는 쑥과 마늘을 가지고 햇빛이 비치지 않는 동굴로 들어갔어요.

2 하지만 시간이 지나면서 곰과 호랑이는 동굴에서의 생활을 견디기가 점점 힘들어졌어요. 며칠 뒤 호랑이는 더 이상 이 시련을 참지 못하고 동굴 밖으로 뛰쳐나가고 말았어요. 반면에 곰은 끝까지 참고 견디었어요. 100일째 되는 날, 곰은 마침내 그토록 원했던 여자로 다시 태어나게 되었어요. 곰은 웅녀라는 이름을 갖게 되었고, 환웅과 결혼해 단군이라는 아들을 낳았지요. 단군은 커서 고조선이라는 나라를 세웠어요.

3 이 이야기는 고조선의 건국과 관련된 단군 신화 이야기예요. 곰과 호랑이는 똑같이 사람이 되고 싶었어요. 하지만 시련을 인내한 곰은 사람이 되었지만, 호랑이는 중간에 포기해 사람이 되지 못했어요. 곰처럼 우리가 무언가를 간절히 원한다면 쉽게 포기하지 말고, 강한 의지와 끈기로 힘든 상황을 참고 견뎌야 해요.

◆ **건국:** 나라가 세워짐. 또는 나라를 세움
◆ **인내한:** 괴로움이나 어려움을 참고 견딘
◆ **간절히:** 마음속에서 우러나와 바라는 정도가 매우 절실하게

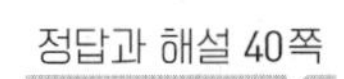

01 이 글에서 쑥과 마늘을 먹고 사람이 된 대상을 찾아 ○ 표시를 하세요.

곰   단군   환웅   호랑이

02 단군 신화에 대한 내용이 맞으면 ○, 틀리면 ✕ 표시를 하세요.

1 곰과 호랑이는 사람이 되고 싶었다. [○ / ✕]

2 쑥과 마늘만 먹은 곰은 마침내 남자로 다시 태어났다. [○ / ✕]

3 사람이 된 곰은 환웅과 결혼해 단군이라는 아들을 낳았다. [○ / ✕]

4 곰과 호랑이는 사람이 되기 위해 어두운 동굴에서 50일 동안 쑥과 마늘만 먹어야 했다. [○ / ✕]

03 다음 중 단군 신화를 통해 배울 수 있는 교훈을 모두 골라 ✓ 표시를 하세요(2개).

- [ ] 거짓말을 해서는 안 된다.
- [ ] 친구의 비밀을 잘 지켜야 한다.
- [ ] 소망을 쉽게 포기해서는 안 된다.
- [ ] 강한 의지로 시련을 인내해야 한다.

04 다음은 이 글의 중심 내용이에요. 빈칸에 알맞은 낱말을 넣어 문장을 완성해 보세요.

곰은 백 일 동안 [ㄷ][ㄱ] 속에서 쑥과 마늘만 먹고 그토록 원했던 사람이 되었다. 이처럼 무언가를 간절히 원한다면 [ㅍ][ㄱ]하지 말고, 힘든 상황을 참고 견뎌야 한다.

어휘를 익혀요

01 따라 쓰며 낱말의 뜻을 찾아 바르게 연결해 보세요.

1 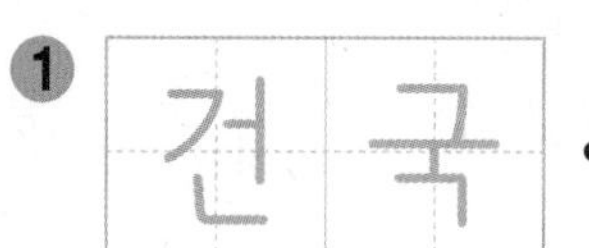
건국 •

2 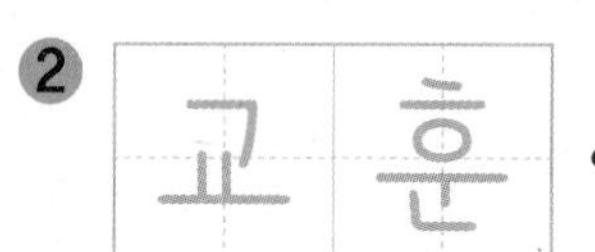
교훈 •

3 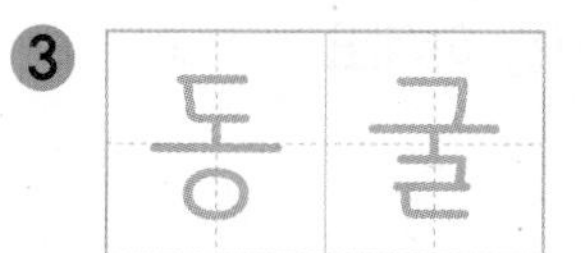
동굴 •

4 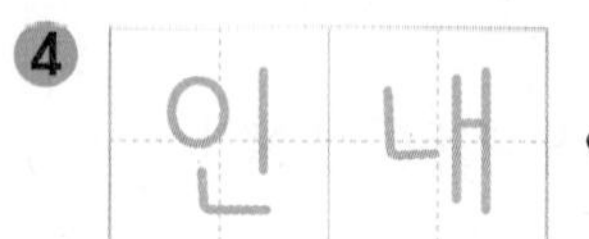
인내 •

5 포기 •

• ㉠ 괴로움이나 어려움을 참고 견딤

• ㉡ 나라가 세워짐. 또는 나라를 세움

• ㉢ 자연적으로 생긴 깊고 넓은 큰 굴

• ㉣ 하려던 일을 도중에 그만두어 버림

• ㉤ 앞으로의 행동이나 생활에 지침이 될 만한 것을 가르침. 또는 그런 가르침

02 보기 에서 알맞은 낱말을 골라 다음 문장을 바르게 완성하세요.

보기

건국 시련 간절히 인내(하다) 포기(하다)

1 그는 고통을 ☐☐ 하며 꾸준히 노력했다.

2 우리나라 ☐☐ 신화의 주인공은 단군과 주몽이다.

3 우리가 그렇게도 ☐☐☐ 바라던 소망이 이루어졌다.

정답과 해설 41쪽

03 갈림길에 낱말의 뜻이 적혀 있어요. 해당하는 낱말을 골라 민재에게 집으로 가는 길을 안내해 주세요.

19 어디가 아파요?

◆ 몸이 아프면 어디에 가야 하는지 해당하는 낱말에 색칠해요.
◆ 이 글에서 설명하는 병원 다섯 가지에 각각 밑줄을 그어요.

1 우리는 몸이 아프면 병원에 갑니다. 하지만 아픈 부위에 따라 알맞은 병원에 가야 올바른 치료를 받을 수 있습니다. 아픈 부위에 따라 어느 병원에 가야 하는지 살펴볼까요?

2 치과는 이, 잇몸과 관련된 병을 치료합니다. 그래서 이를 뽑을 때나 이가 썩었거나 깨졌을 때 치과에 갑니다. 그리고 잇몸이 시리거나 입에서 냄새가 날 때도 치과에 가서 원인을 알아보는 것이 좋습니다.

3 정형외과는 뼈나 관절, 근육과 관련된 병을 치료합니다. 그래서 어깨, 팔꿈치, 손목, 손가락, 무릎, 다리 등이 아프면 정형외과에 가서 원인을 알아봐야 합니다. 머리나 얼굴 부분의 뼈는 정형외과가 아니라 성형외과에서 치료를 하니 이곳이 다쳤을 경우는 성형외과에 가야 합니다.

4 이비인후과는 귀, 코, 목과 관련된 병을 치료합니다. 그래서 귀에 물이 들어가서 아프거나, 귀 안이 가려우면 이비인후과에 가야 합니다. 비염이나 코감기 때문에 코가 막히고 콧물이 날 때도 이비인후과에 가서 치료를 받는 것이 좋습니다.

5 안과는 눈과 관련된 병을 치료합니다. 눈이 부시거나 붉어질 때, 혹은 눈물이 날 때 안과에 가야 합니다. 눈이 심하게 가렵거나 눈에 다래끼가 나면 이때도 안과에 가서 치료를 받는 것이 좋습니다.

◆ **부위**: 전체에 대하여 어떤 특정한 부분이 차지하는 위치
◆ **치료**: 병을 낫게 하는 일
◆ **관절**: 뼈와 뼈가 서로 맞닿아 연결되어 있는 곳

글을 이해해요

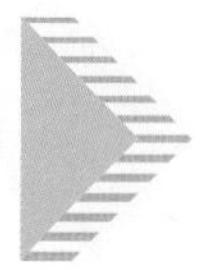

정답과 해설 42쪽

01 이 글의 중심 낱말로 알맞은 것을 찾아 ○ 표시를 하세요.

관 절 근 육 병 원 잇 몸

02 다음은 아플 때 가야 하는 병원에 대한 설명이에요. 각 병원에 대한 설명이 맞으면 ○, 틀리면 ✕ 표시를 하세요.

1 치과는 이뿐만 아니라 잇몸이 아플 때도 가는 병원이다. [○ / ✕]

2 다리나 무릎의 뼈를 다쳤을 때 성형외과에 가서 치료해야 한다. [○ / ✕]

3 눈이 심하게 가렵거나 눈에 다래끼가 나면 안과에 가서 치료해야 한다. [○ / ✕]

03 다음 그림과 같은 상황에서 가야 할 병원을 쓰세요.

04 다음은 이 글의 중심 내용이에요. 빈칸에 알맞은 낱말을 넣어 문장을 완성해 보세요.

치과는 이와 ㅇㅁ과 관련된 병을, 정형외과는 뼈나 관절, 근육과 관련된 병을, 성형외과는 머리나 ㅇㄱ 부분의 뼈를 치료한다. 또한 이비인후과는 ㄱ, 코, 목과 관련된 병을, 안과는 ㄴ과 관련된 병을 치료한다. 따라서 아픈 부위에 알맞은 ㅂㅇ에 가서 치료를 받아야 한다.

어휘를 익혀요

01 따라 쓰며 낱말의 뜻을 찾아 바르게 연결해 보세요.

1 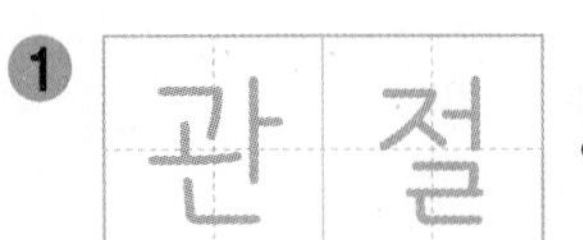

2 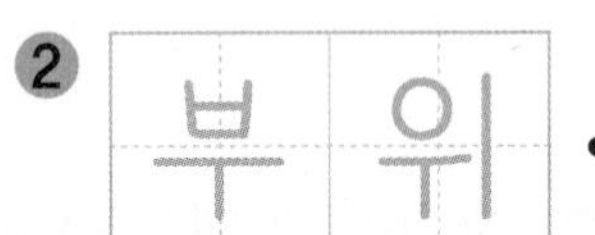

3 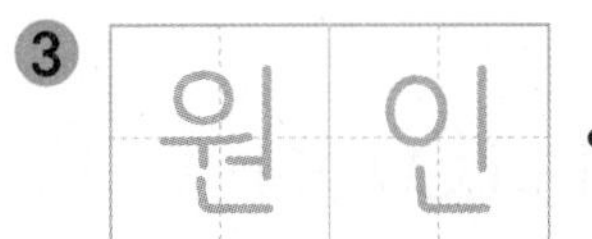

4 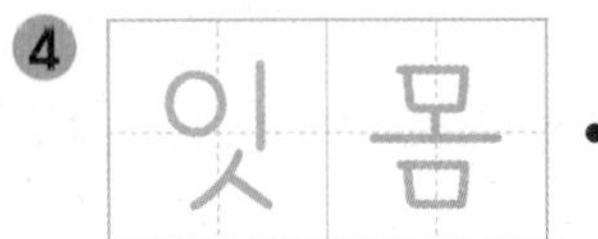

5 치 료

- ㄱ 병을 낫게 하는 일
- ㄴ 이뿌리를 둘러싸고 있는 살
- ㄷ 어떤 일이나 현상을 일어나게 한 까닭
- ㄹ 뼈와 뼈가 서로 맞닿아 연결되어 있는 곳
- ㅁ 전체에 대하여 어떤 특정한 부분이 차지하는 위치

02 보기에서 알맞은 낱말을 골라 다음 문장을 바르게 완성하세요.

보기

병원　　부위　　뽑(다)　　썩(다)　　치료

1 다친 ☐☐는 바로 소독해야 덧나지 않는다.

2 그는 심한 감기에 걸려 병원에 가서 ☐☐를 받아야 했다.

3 단 음식을 먹고 이를 제대로 닦지 않으면 이가 쉽게 ☐을 수 있다.

정답과 해설 43쪽

03 다음 어휘 카드에 적힌 낱말의 뜻을 생각하며 물음에 답하세요.

(1) 제시된 낱말과 비슷한 낱말을 골라 ○ 표시를 하세요.

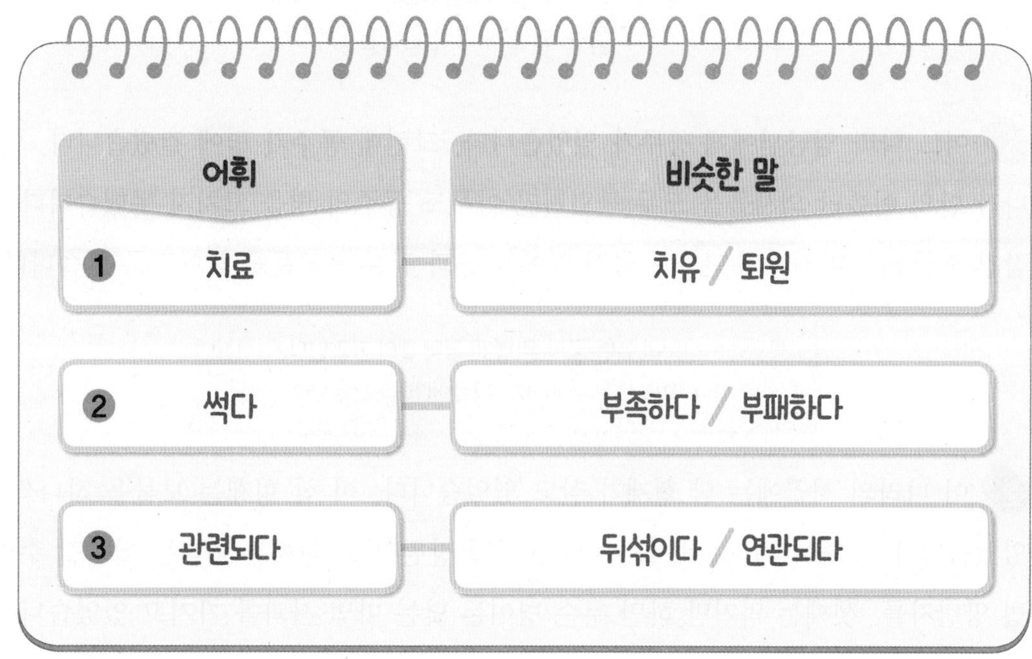

어휘	비슷한 말
① 치료	치유 / 퇴원
② 썩다	부족하다 / 부패하다
③ 관련되다	뒤섞이다 / 연관되다

(2) 제시된 낱말과 반대되는 낱말을 골라 ○ 표시를 하세요.

어휘	반대말
① 뽑다	넣다 / 고르다
② 막히다	걸리다 / 뚫리다
③ 들어가다	나오다 / 들어서다

20 공주를 구한 삼 형제

◆ 공주의 병을 고친 인물을 찾아 색칠해요.
◆ 삼 형제가 가지고 있는 보물에 각각 밑줄을 그어요.

1 어느 나라 임금님에게 공주가 있었습니다. 그런데 공주가 병에 걸렸습니다. 임금님은 나라 안의 이름난 의사들을 모두 불렀지만 아무도 공주의 병을 고치지 못했습니다. 슬픔에 잠긴 임금님은 마지막 수단으로 궁전 앞에 다음과 같은 포고문을 붙이도록 했습니다.

> 내 귀한 딸이 큰 병에 걸려 죽어 가고 있다.
> 내 딸의 병을 낫게 하는 사람에게 큰 상을 내리겠다.

2 이 나라의 시골에는 삼 형제가 살고 있었습니다. 이 삼 형제는 보물을 하나씩 가지고 있었습니다. 첫째는 어디든지 볼 수 있는 마법 망원경을, 둘째는 어디든 날아갈 수 있는 마법 양탄자를, 셋째는 먹기만 하면 무슨 병이든 낫는 마법 사과를 가지고 있었습니다. 어느 날 첫째가 마법 망원경으로 임금님이 붙인 포고문을 발견했습니다.

"둘째야, 셋째야, 공주가 너무 불쌍하구나. 우리가 공주를 돕자."

"제 마법 사과를 먹으면 금방 병이 나을 거예요."

"공주가 죽어 가고 있다니 내 마법 양탄자를 타고 어서 궁전으로 가요."

마법 양탄자를 탄 삼 형제는 금세 궁전에 도착했습니다.

3 "너희들이 어떻게 공주의 병을 낫게 하겠다는 것이냐?"

"공주님께서 제 사과를 드시기만 하면 병이 나을 것입니다."

임금님은 셋째의 말을 믿기 어려웠지만 지푸라기라도 잡는 심정으로 사과를 공주에게 먹였습니다. 그러자 신기하게도 공주의 병이 말끔히 나았습니다. 너무나 기쁜 임금님은 약속한 대로 삼 형제에게 큰 상을 내렸습니다.

◆ **수단**: 어떤 목적을 이루기 위한 방법. 또는 그 도구
◆ **보물**: 매우 드물고 귀한 물건. 가치가 매우 큰 것
◆ **망원경**: 두 개 이상의 볼록 렌즈를 써서 멀리 있는 물체를 크고 정확하게 보도록 만든 장치

정답과 해설 44쪽

01 이 글에서 누가 공주의 병을 고쳤는지 찾아 ○ 표시를 하세요.

의사 임금 삼 형제

02 삼 형제가 가지고 있는 보물을 각각 선으로 이으세요.

1 첫째 •		• ㄱ 마법 사과
2 둘째 •		• ㄴ 마법 망원경
3 셋째 •		• ㄷ 마법 양탄자

03 삼 형제가 공주를 구할 수 있었던 이유를 모두 골라 ✓ 표시를 하세요(2개).

- [ ] 삼 형제가 힘을 합쳤기 때문이다.
- [ ] 삼 형제가 이름난 의사였기 때문이다.
- [ ] 삼 형제에게 많은 재산이 있었기 때문이다.
- [ ] 삼 형제가 아픈 사람을 가엾게 여겼기 때문이다.

04 다음은 이 글의 중심 내용이에요. 빈칸에 알맞은 낱말을 넣어 문장을 완성해 보세요.

마법 망원경, 마법 [ㅇ][ㅌ][ㅈ], 마법 [ㅅ][ㄱ]를 가진 삼 형제는 힘을 합쳐 아픈 [ㄱ][ㅈ]를 구하였다.

어휘를 익혀요

01 따라 쓰며 낱말의 뜻을 찾아 바르게 연결해 보세요.

1. 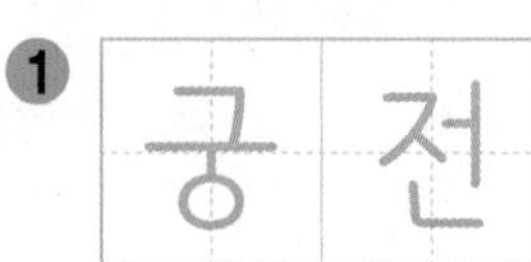

2. 보 물
3. 수 단
4. 망 원 경
5. 포 고 문

- ㉠ 널리 펴서 알리는 글
- ㉡ 임금이 살면서 나랏일을 보는 큰 집
- ㉢ 매우 드물고 귀한 물건. 가치가 매우 큰 것
- ㉣ 어떤 목적을 이루기 위한 방법. 또는 그 도구
- ㉤ 두 개 이상의 볼록 렌즈를 써서 멀리 있는 물체를 크고 정확하게 보도록 만든 장치

02 빈칸에 들어갈 알맞은 낱말을 보기에서 찾아 쓰세요.

보기

보물　　수단　　의사　　망원경　　포고문

1. 그는 잘못된 [　][　]으로 돈을 모았다.
2. 우리는 밤하늘의 별을 [　][　][　]으로 관찰했다.
3. 도둑들이 무덤 속에 있던 [　][　]들을 전부 훔쳐 갔다.

03 다음 뜻에 해당하는 낱말을 빈칸에 써서 끝말잇기를 해 보세요. 잘 모르겠다면 초성 힌트를 참고해 보세요.

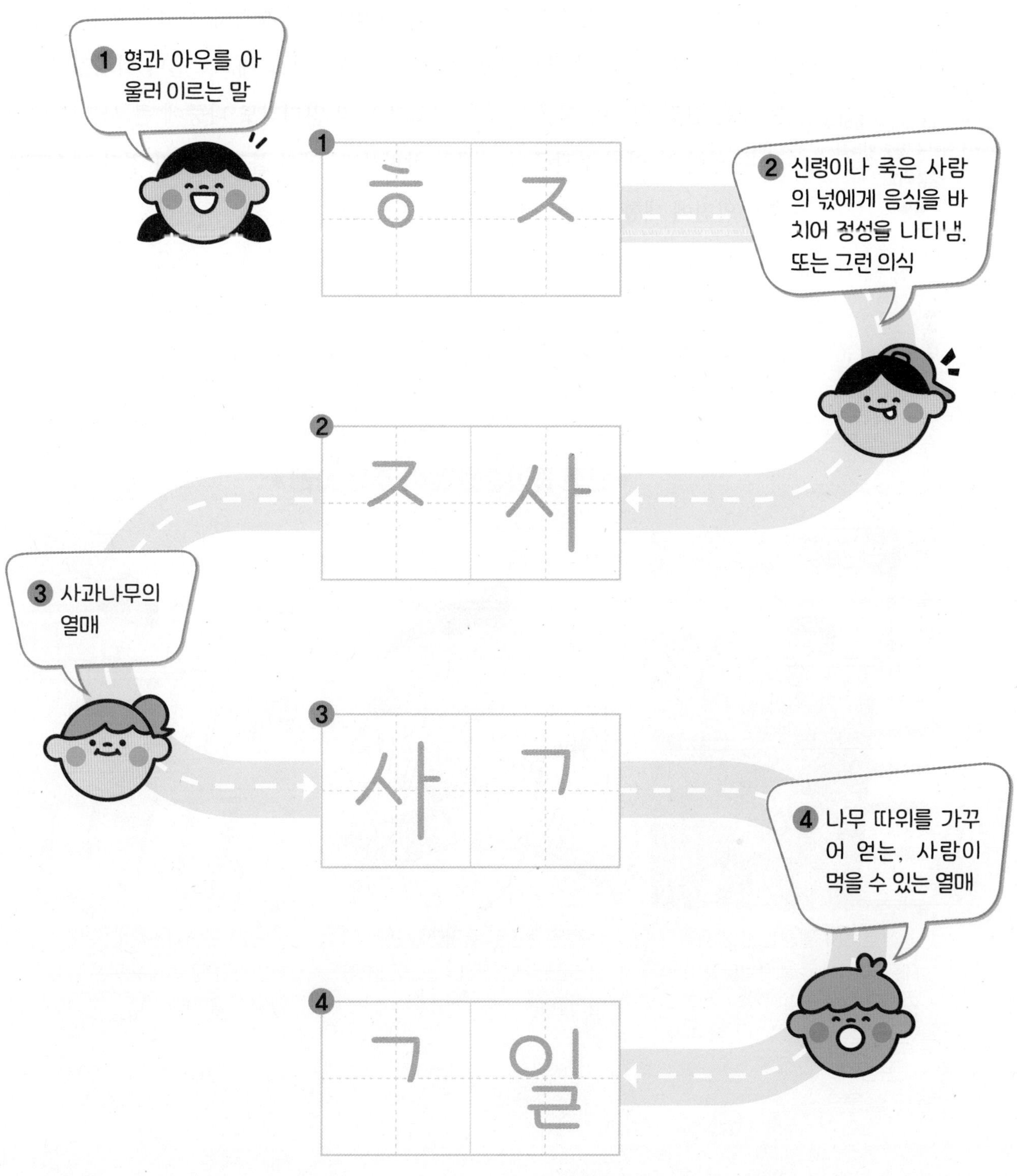

특별
활동

안전

07 방심하면 안 돼요

“
안전 불감증에 대해 알아보고, 나 자신은 올바른 안전 의식을 갖고 있는지 점검해요.
”

안전사고에 대한 인식이 부족하거나 안전에 익숙해져서 사고의 위험에 대해 별다른 느낌을 갖지 못하는 일을 ‘안전 불감증’이라고 해요. “설마 다치겠어?”라는 낮은 안전 의식이 지금 당장은 사고가 나지 않더라도 나중에 큰 사고로 이어질 수 있어요. 안전 불감증의 사례를 살펴보고, 안전 불감증 자가 진단 테스트를 통해 안전에 대한 의식이 어느 정도인지 살펴보아요.

• 안전 불감증을 보여 주는 사례 •

신호등이 빨간불로 바뀌었는데도 무시하고 횡단보도가 아닌 곳으로 길을 건넘

젖은 손으로 플러그를 만진 데다 그대로 콘센트에 플러그를 꽂으려고 함

높은 곳에서 난간이 안전한지 확인하지 않은 채 망가진 철제 난간에 몸을 기댐

활동해 보기

01 다음 빈칸에 들어갈 알맞은 말을 쓰세요.

안전사고에 대한 인식이 둔하거나 안전에 익숙해져서 사고의 위험에 대해 별다른 느낌을 갖지 못하는 일을 [ㅇ][ㅈ][ㅂ][ㄱ][ㅈ]이라고 한다.

02 다음 안전 불감증 자가 진단 테스트를 읽고 해당하는 내용에 ✔ 표시를 하세요. 이를 통해 자신의 안전 의식이 어느 정도인지 살펴보세요.

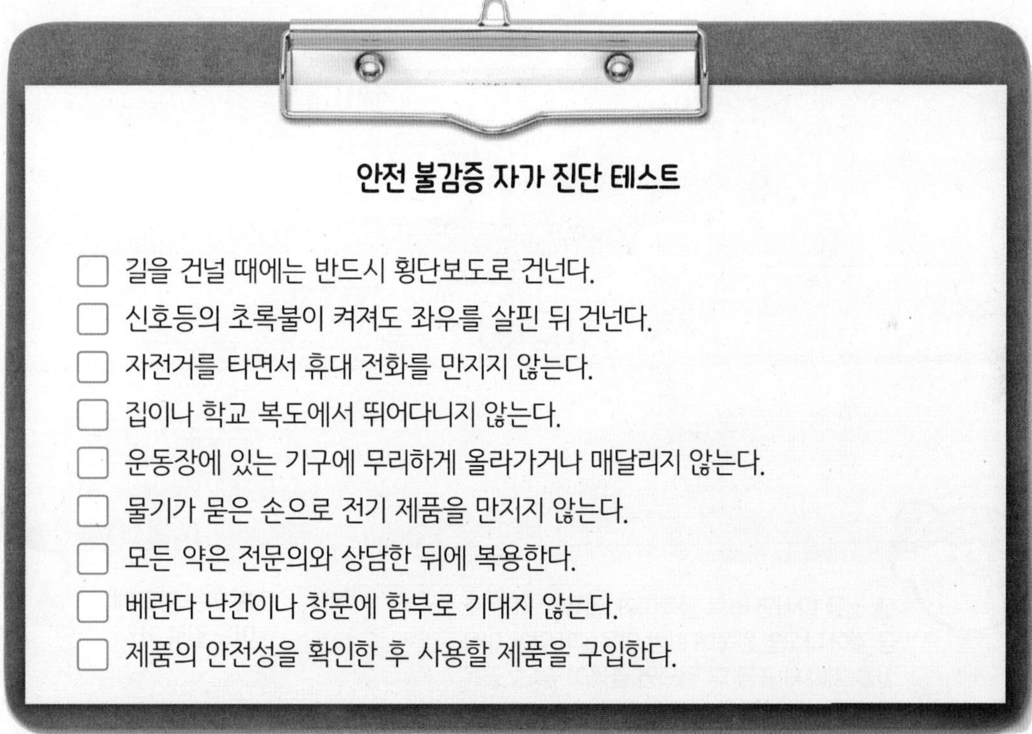

안전 불감증 자가 진단 테스트

- ☐ 길을 건널 때에는 반드시 횡단보도로 건넌다.
- ☐ 신호등의 초록불이 켜져도 좌우를 살핀 뒤 건넌다.
- ☐ 자전거를 타면서 휴대 전화를 만지지 않는다.
- ☐ 집이나 학교 복도에서 뛰어다니지 않는다.
- ☐ 운동장에 있는 기구에 무리하게 올라가거나 매달리지 않는다.
- ☐ 물기가 묻은 손으로 전기 제품을 만지지 않는다.
- ☐ 모든 약은 전문의와 상담한 뒤에 복용한다.
- ☐ 베란다 난간이나 창문에 함부로 기대지 않는다.
- ☐ 제품의 안전성을 확인한 후 사용할 제품을 구입한다.

3개 이하	4~6개	7개 이상
안전 의식이 매우 낮은 편입니다. 안전에 대한 상식을 갖추고 안전 의식을 가지려고 노력하세요.	안전을 지키려고 노력은 하지만 절대 방심하면 안 되는 상태입니다. 안전사고에 대한 경계심을 늦추지 않는 것이 좋습니다.	안전의 중요성을 잘 인식하고 있습니다. 지금처럼 철저하게 안전에 대비하세요!

01 안전 불감증 **02** 도움말 자가 진단 테스트를 읽고, 해당하는 부분에 체크 표시를 해요. 체크한 결과를 통해 자신의 안전 진단 의식이 어느 정도인지 살펴보세요.

생활

08 학교 가는 길

“서윤이가 가는 길을 그림 지도에 직접 표시하며 읽어요.”

2학년이 된 서윤이는 이제 혼자 학교에 가려고 합니다. 서윤이는 먼저 집에서 학교까지 가는 길을 떠올려 보았습니다. 서윤이가 집에서 학교까지 가는 길을 함께 살펴보아요.

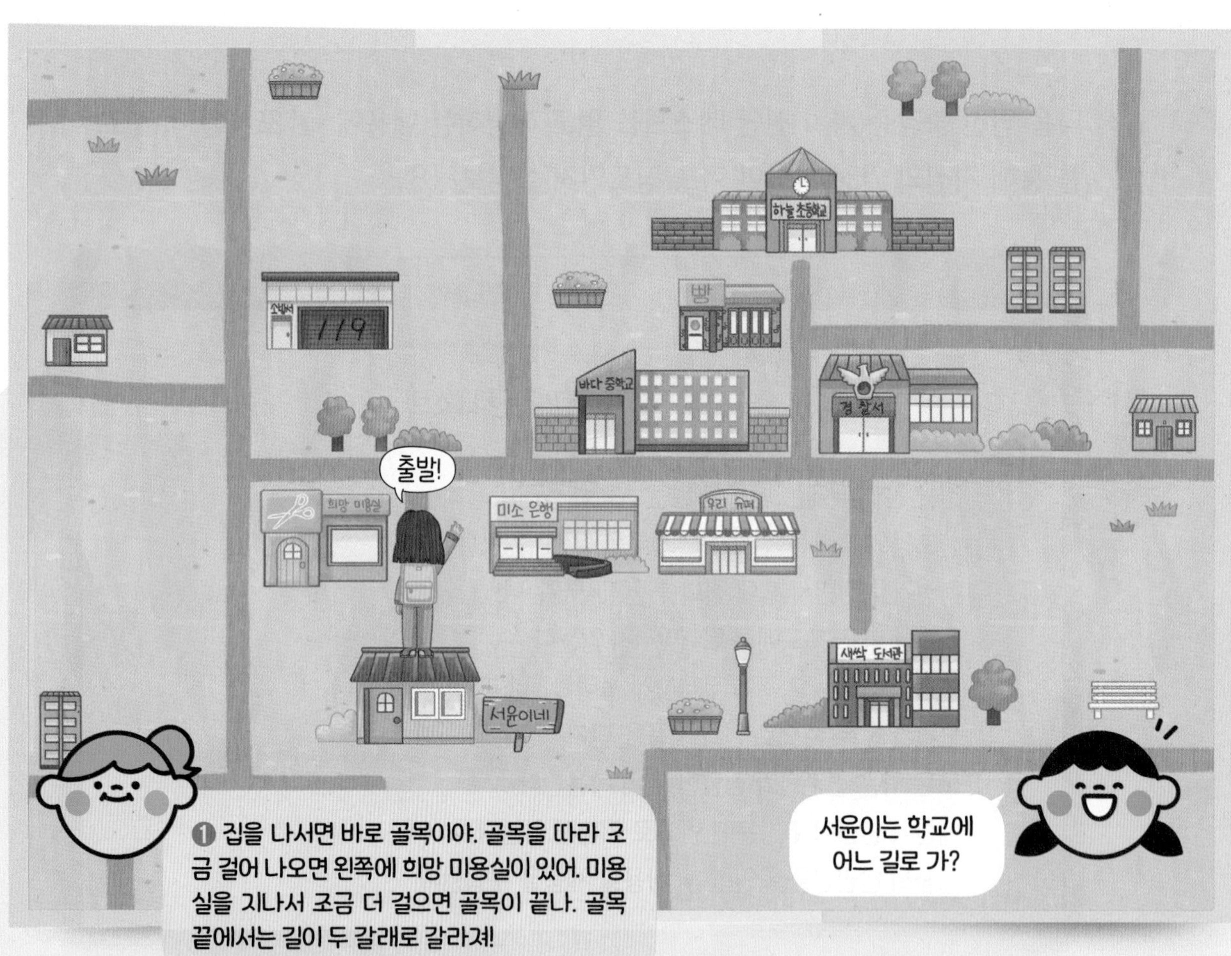

❶ 집을 나서면 바로 골목이야. 골목을 따라 조금 걸어 나오면 왼쪽에 희망 미용실이 있어. 미용실을 지나서 조금 더 걸으면 골목이 끝나. 골목 끝에서는 길이 두 갈래로 갈라져!

❷ 두 길 중에서 오른쪽 길로 들어서서 길을 따라 걸어가~ 걸어가다 보면, 오른쪽에 미소 은행이 있고 더 가면 우리 슈퍼마켓이 보이거든!?

❸ 은행과 슈퍼마켓의 건너편에는 바다 중학교가 있어! 바다 중학교를 끼고 왼쪽으로 돌면 바다 중학교 맞은편에 경찰서가 보여~

❹ 바다 중학교와 경찰서 사이의 길로 계속 걸어가면 작은 빵집이 나오고,

❺ 빵집을 지나서 조금만 더 걸어가다 보면 내가 다니는 하늘 초등학교의 교문이 나와!

활동해 보기

01 다음 그림에서 서윤이가 보는 방향에서 왼쪽에 있는 가게의 이름을 쓰세요.

02 서윤이가 떠올린, 집에서 학교까지 가는 길을 잘 읽었나요? 미소 은행부터 서윤이네 학교까지 가는 길을 아래 그림에 선으로 그리세요.

01 ① 맛나 피자 ② 봄 카페 02 도움말 서윤이가 미소 은행부터 하늘 초등학교까지 가는 동안 어떤 장소를 지나치게 되는지 살펴보세요.

실력 확인

△ 글의 문단별 내용을 정리하고 주제를 써 보아요.

01 눈썹은 왜 있는 거야

본문 8쪽

1 문단 눈과 [ ][ ][ ], 속눈썹의 역할

2 문단 [ ][ ]의 역할

주제 눈꺼풀과 속눈썹, 그리고 눈썹의 역할

02 잠은 왜 잘까

본문 12쪽

1 문단 잠을 자야 하는 이유에 대한 궁금증 제시

2 문단 잠을 자야 하는 이유 ①: [ ]이 쉴 수 있음

3 문단 잠을 자야 하는 이유 ②: [ ][ ]을 정리할 수 있음

4 문단 잠을 자야 하는 이유 ③: 몸에서 여러 가지 [ ][ ][ ]이 나옴

주제 사람이 [ ]을 자야 하는 이유

03 20시는 몇 시일까

본문 16쪽

1 문단 [ ][ ] 24시간에 대한 설명

2 문단 오전 12시간과 오후 12시간에 대한 설명

주제 오전과 [ ][ ]로 나누어지는 하루 24시간

04 어떤 글자를 쓸까요

본문 20쪽

1 문단 글자의 종류 ①: [ ][ ][ ]

2 문단 글자의 종류 ②, ③: [ ][ ], 한글

주제 알파벳, 한자를 쓰는 언어 및 우리나라에서 쓰는 [ ][ ]

05 세 농부 이야기

본문 24쪽

1 문단 [ ][ ]를 뽑는 세 농부와 대화하는 원님

2 문단 논에 풍작이 든 세 번째 농부에게 [ ]을 내린 원님

주제 서로 다른 [ ][ ]으로 일한 세 농부의 이야기

06 걷기도 운동이야

본문 32쪽

1 문단 [ ][ ][ ] 운동인 걷기 운동 소개

2 문단 걷기 운동의 여러 가지 장점

3 문단 걷기 운동의 올바른 [ ][ ]

주제 [ ][ ] 운동의 장점과 올바른 자세

실력 확인

07 아이스크림을 만들어요

본문 36쪽

1문단 아이스크림의 기본 재료인 ☐☐☐ 소개

2문단 아이스크림을 만드는 과정

3문단 아이스크림을 ☐☐☐☐ 만드는 방법

주제 ☐☐☐☐☐의 재료와 아이스크림을 만드는 방법

08 올챙이가 개구리가 돼요

본문 40쪽

1문단 개구리 ☐의 모양과 개구리가 알을 많이 낳는 이유

2문단 개구리 알에서 ☐☐☐가 되는 과정

3문단 올챙이에서 ☐☐☐가 되는 과정

주제 알에서 태어난 올챙이가 개구리가 되기까지의 과정

09 말하는 돌고래

본문 44쪽

1문단 ☐☐☐를 가장 똑똑한 동물로 꼽는 이유

2문단 돌고래가 말하는 방법

3문단 사는 곳에 따라 사용하는 ☐이 다른 돌고래

주제 ☐☐☐의 뛰어난 언어 능력

10 저금을 해요

본문 48쪽

1문단 ☐☐의 뜻과 방법

2문단 저금을 잘하는 방법: ☐☐ 정하기

3문단 저금을 해야 하는 이유 및 저금하는 ☐☐을 기르면 좋은 점

주제 저금을 하는 방법과 저금을 해야 하는 이유

11 올바른 약 먹기

본문 56쪽

1문단 약을 올바르게 먹는 방법 ①: ☐☐ 기한 확인하기

2문단 약을 올바르게 먹는 방법 ②: 약을 먹는 ☐☐ 확인하기

3문단 약을 올바르게 먹는 방법 ③: ☐과 함께 먹기

주제 ☐을 올바르게 먹는 방법

12 가을엔 왜 단풍이 들까

본문 60쪽

1문단 가을에 ☐☐이 드는 이유

2문단 가을에 나뭇잎 속 ☐☐☐의 양이 줄어드는 이유

주제 ☐☐이 되면 단풍이 드는 이유

실력 확인

13 가짜 꽃과 진짜 꽃

본문 64쪽

1문단 진짜 꽃과 가짜 꽃이 있는 식물 ①: ☐☐☐

2문단 진짜 꽃과 가짜 꽃이 있는 식물 ②: ☐☐☐

3문단 산수국과 삼백초가 ☐☐ 꽃을 피우는 이유

주제 가짜 꽃을 피워 ☐☐을 유인하는 산수국과 삼백초

14 도깨비가 아니라니

본문 68쪽

1문단 ☐☐와 도깨비의 모습

2문단 오니와 도깨비의 성격

3문단 사람들이 오니와 ☐☐☐를 같다고 생각하게 된 이유

주제 일본의 오니와 다른, 우리나라 도깨비의 특징

15 냄새 맡은 값

본문 72쪽

1문단 가난한 사람에게 고기 냄새를 맡은 값을 내라고 한 ☐☐

2문단 고기 냄새를 맡은 값으로 ☐☐ 흔드는 소리를 들려준 아들

주제 고기 냄새를 맡은 값으로 엽전 소리를 들려준 지혜로운 ☐☐의 이야기

정답과 해설 50~51쪽

16 방귀, 참지 말자

본문 80쪽

1 문단 [ ][ ]의 뜻과 방귀가 만들어지는 방법

2 문단 방귀를 참으면 생겨나는 [ ]의 변화

3 문단 건강한 성인이 하루에 방귀를 뀌는 횟수

주제 방귀를 참으면 안 되는 이유

17 모기의 이중생활

본문 84쪽

1 문단 피를 빨아 먹는 [ ][ ] 모기

2 문단 [ ][ ]한 동물인 모기

주제 귀찮고도 위험한 동물인 [ ][ ]

18 단군 신화로부터 얻은 교훈

본문 88쪽

1 문단 단군 신화 이야기 ①: 사람이 되고 싶은 곰과 [ ][ ][ ]

2 문단 단군 신화 이야기 ②: 사람이 된 [ ]

3 문단 단군 신화를 통해 배울 수 있는 교훈

주제 [ ][ ] [ ][ ]를 통해 우리가 배울 수 있는 교훈

정답과 해설 52쪽

실력 확인

19 어디가 아파요?

본문 92쪽

1문단 아픈 부위에 알맞은 ☐☐ 찾기
2문단 ☐☐에서 진료하는 병
3문단 ☐☐☐☐와 성형외과에서 진료하는 병
4문단 이비인후과에서 진료하는 병
5문단 ☐☐에서 진료하는 병

주제 아픈 부위에 알맞은 병원

20 공주를 구한 삼 형제

본문 96쪽

1문단 병에 걸린 ☐☐를 치료하기 위해 포고문을 붙인 임금
2문단 힘을 합쳐 공주의 병을 고치기 위해 궁전에 간 삼 형제
3문단 공주의 병을 고친 삼 형제에게 큰 ☐을 내린 임금

주제 보물을 가진 ☐ ☐☐가 힘을 합쳐 공주를 구한 이야기

memo

memo

정답
QR 코드

완자

공부력

정답과 해설

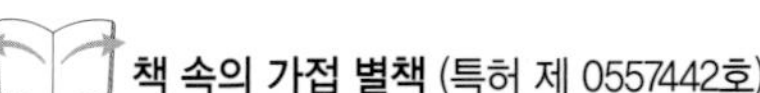

'정답과 해설'은 진도책에서 쉽게 분리할 수 있도록 제작되었으므로
유통 과정에서 분리될 수 있으나 파본이 아닌 정상 제품입니다.

우리는 남다른 상상과 혁신으로
교육 문화의 새로운 전형을 만들어
모든 이의 행복한 경험과 성장에 기여한다

완자

공부력

초등 국어 독해 2A

정답과 해설

완자 공부력 가이드

완자 공부력 시리즈는
앞으로도 계속 출간될 예정입니다.

완자 공부력 시리즈로 공부 근육을 키워요!

매일 성장하는
초등 자기개발서
완자
공부력

학습의 기초가 되는 읽기, 쓰기, 셈하기와 관련된 공부력을 키워야 여러 교과를 터득하기 쉬워집니다. 또한 어휘력과 독해력, 쓰기력, 계산력을 바탕으로 한 '공부력'은 자기주도 학습으로 상당한 단계까지 올라갈 수 있는 밑바탕이 되어 줍니다. 그래서 매일 꾸준한 학습이 가능한 '**완자 공부력 시리즈**'로 **공부하면 자기주도 학습이 가능한 튼튼한 공부 근육**을 키울 수 있을 것이라 확신합니다.

효과적인 공부력 강화 계획을 세워요!

학년별 공부 계획

내 학년에 맞게 꾸준하게 공부 계획을 세워요!

		1-2학년	3-4학년	5-6학년
기본	독해	국어 독해 1A 1B 2A 2B	국어 독해 3A 3B 4A 4B	국어 독해 5A 5B 6A 6B
	계산	수학 계산 1A 1B 2A 2B	수학 계산 3A 3B 4A 4B	수학 계산 5A 5B 6A 6B
	어휘	전과목 어휘 1A 1B 2A 2B	전과목 어휘 3A 3B 4A 4B	전과목 어휘 5A 5B 6A 6B
		파닉스 1 2	영단어 3A 3B 4A 4B	영단어 5A 5B 6A 6B
확장	어휘	전과목 한자 어휘 1A 1B 2A 2B	전과목 한자 어휘 3A 3B 4A 4B	전과목 한자 어휘 5A 5B 6A 6B
	쓰기	맞춤법 바로 쓰기 1A 1B 2A 2B		
	독해		한국사 독해 인물편 1 2 3 4	
			한국사 독해 시대편 1 2 3 4	

시기별 공부 계획

학기 중에는 **기본**, 방학 중에는 **기본 + 확장**으로 공부 계획을 세워요!

방학 중			
학기 중			
기본			확장
독해	계산	어휘	어휘, 쓰기, 독해
국어 독해	수학 계산	전과목 어휘	전과목 한자 어휘
		파닉스(1~2학년) 영단어(3~6학년)	맞춤법 바로 쓰기(1~2학년) 한국사 독해(3~6학년)

예시 초1 학기 중 공부 계획표 주 5일 하루 3과목 (45분)

월	화	수	목	금
국어 독해	국어 독해	국어 독해	국어 독해	국어 독해
수학 계산	수학 계산	수학 계산	수학 계산	수학 계산
전과목 어휘	파닉스	전과목 어휘	전과목 어휘	파닉스

예시 초4 방학 중 공부 계획표 주 5일 하루 4과목 (60분)

월	화	수	목	금
국어 독해	국어 독해	국어 독해	국어 독해	국어 독해
수학 계산	수학 계산	수학 계산	수학 계산	수학 계산
전과목 어휘	영단어	전과목 어휘	전과목 어휘	영단어
한국사 독해 인물편	전과목 한자 어휘	한국사 독해 인물편	전과목 한자 어휘	한국사 독해 인물편

01 눈썹은 왜 있는 거야

본문 8쪽

코칭 Tip 이 글은 눈썹의 역할에 대해 설명하는 글입니다. 눈과 관련된 부위들이 어떤 역할을 하는지 정리하며 글을 읽을 수 있도록 합니다.

◆ 눈 위에 털이 울타리처럼 둘러서 나 있는 부분을 의미하는 낱말에 색칠해요.
◆ 눈썹의 역할 세 가지를 찾아 각각 밑줄을 그어요.

1 눈은 우리가 사물을 볼 수 있게 해 주는 중요한 부분입니다[눈의 역할]. 눈꺼풀과 속눈썹은 이 소중한 눈을 보호하는 역할을 합니다. 눈꺼풀은 바깥의 위험한 것으로부터 눈알을 보호하고, 눈물을 고르게 퍼뜨려 눈알의 표면을 촉촉하게 합니다[눈꺼풀의 역할]. 속눈썹은 물이나 먼지 등이 눈에 들어가는 것을 막습니다[속눈썹의 역할]. 그러면 눈 위에 털이 울타리처럼 둘러서 나 있는 부분[눈썹의 의미], 즉 눈썹[중심 소재]은 어떤 역할을 할까요? ▶ 눈과 눈꺼풀, 속눈썹의 역할

2 첫째, 머리 꼭대기나 이마에서부터 흘러내리는 빗물이나 땀을 옆으로 밀어내 눈에 들어오지 못하게 합니다[눈썹의 역할 ①]. 둘째, 햇빛을 막아 줍니다[눈썹의 역할 ②]. 우리가 햇빛 때문에 눈이 부시다고 느끼면 얼굴을 찌푸리는데, 그러면 눈썹이 볼록하게 튀어나옵니다. 이때 튀어나온 눈썹이 그늘을 만들어 햇빛을 가려 줍니다. 셋째, 여러 가지 표정을 짓는 데 사용됩니다[눈썹의 역할 ③]. 사람은 표정을 통해 자신의 기분을 드러내고, 또 남의 기분을 알아차립니다. 이때 눈썹은 표정의 일부가 되어 감정을 표현합니다. 『예를 들어, 우리가 기쁠 때는 반달처럼 눈썹 가운데가 위로 올라갑니다. 반면 슬플 때는 눈꼬리가 내려가며 눈썹 양끝도 아래로 축 처집니다. 화가 날 때는 눈살을 잔뜩 찌푸리게 되면서 눈썹이 미간으로 모입니다.』[『 』: 감정을 표현하는 눈썹의 다양한 사례] 이렇게 눈썹은 우리의 감정을 표현해 주는 역할을 합니다. ▶ 눈썹의 역할

맞힌 개수 ( ) 개
틀린 개수 ( ) 개

글을 이해해요

✓ 자기 평가

본문 9쪽

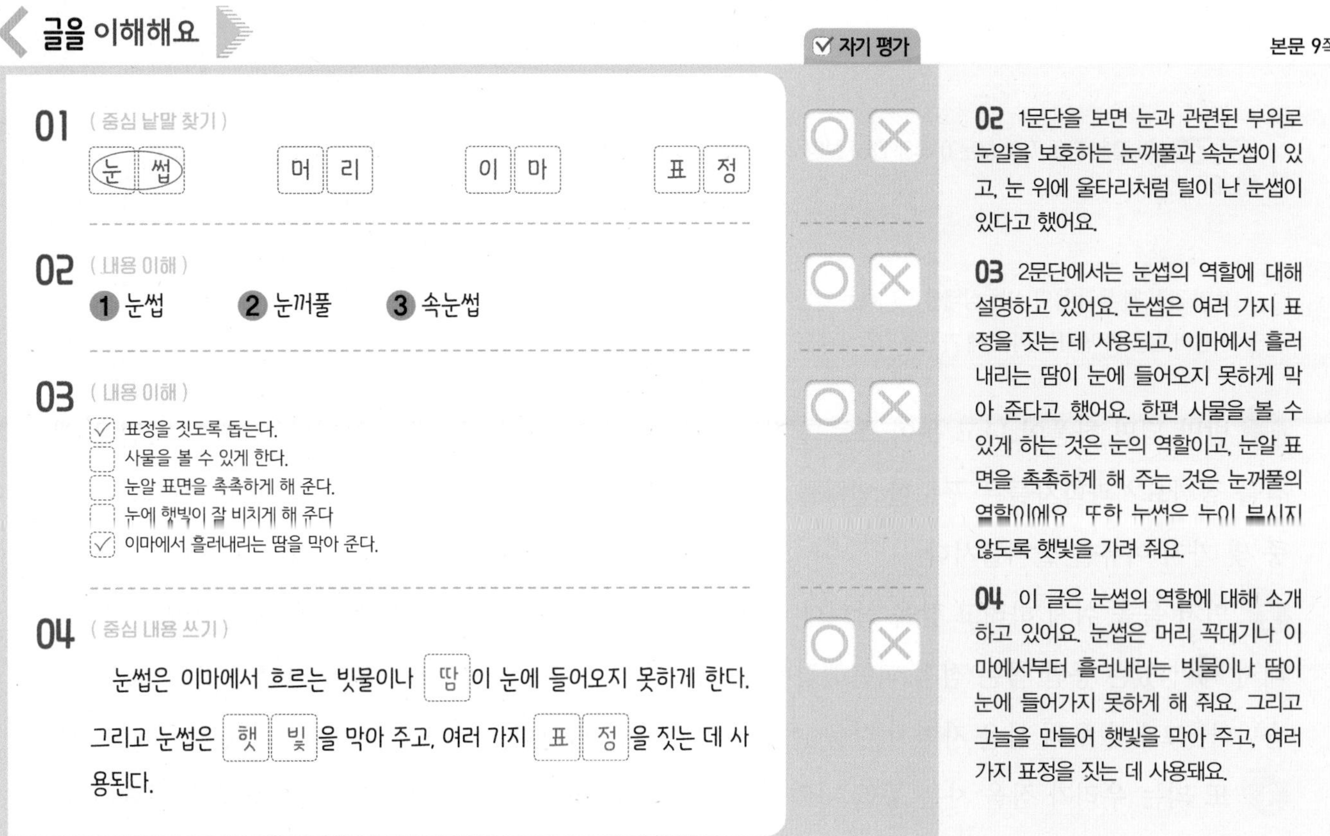

01 (중심 낱말 찾기)
눈 썹 (circled) 머 리 이 마 표 정

02 (내용 이해)
1 눈썹 2 눈꺼풀 3 속눈썹

03 (내용 이해)
- [x] 표정을 짓도록 돕는다.
- [ ] 사물을 볼 수 있게 한다.
- [ ] 눈알 표면을 촉촉하게 해 준다.
- [ ] 눈에 햇빛이 잘 비치게 해 준다.
- [x] 이마에서 흘러내리는 땀을 막아 준다.

04 (중심 내용 쓰기)
눈썹은 이마에서 흐르는 빗물이나 [땀]이 눈에 들어오지 못하게 한다. 그리고 눈썹은 [햇 빛]을 막아 주고, 여러 가지 [표 정]을 짓는 데 사용된다.

02 1문단을 보면 눈과 관련된 부위로 눈알을 보호하는 눈꺼풀과 속눈썹이 있고, 눈 위에 울타리처럼 털이 난 눈썹이 있다고 했어요.

03 2문단에서는 눈썹의 역할에 대해 설명하고 있어요. 눈썹은 여러 가지 표정을 짓는 데 사용되고, 이마에서 흘러내리는 땀이 눈에 들어오지 못하게 막아 준다고 했어요. 한편 사물을 볼 수 있게 하는 것은 눈의 역할이고, 눈알 표면을 촉촉하게 해 주는 것은 눈꺼풀의 역할이에요. 또한 눈썹은 눈이 부시지 않도록 햇빛을 가려 줘요.

04 이 글은 눈썹의 역할에 대해 소개하고 있어요. 눈썹은 머리 꼭대기나 이마에서부터 흘러내리는 빗물이나 땀이 눈에 들어가지 못하게 해 줘요. 그리고 그늘을 만들어 햇빛을 막아 주고, 여러 가지 표정을 짓는 데 사용돼요.

어휘를 익혀요

본문 10~11쪽

01 1 ㄹ 2 ㄴ 3 ㅁ 4 ㄷ 5 ㄱ

02 1 미간 2 감정 3 찌푸리

03

잠은 왜 잘까

본문 12쪽

코칭 Tip 이 글은 잠을 자야 하는 이유에 대해 설명하는 글입니다. 사람이 잠을 자야 하는 이유 세 가지를 정리하며 글을 읽을 수 있도록 합니다.

◆ 눈이 감긴 채 우리 몸이 쉬는 상태를 의미하는 낱말에 색칠해요.
◆ 사람이 잠을 자야 하는 이유 세 가지에 각각 밑줄을 그어요.

1 밤만 되면 하품이 나고 눈이 스르륵 감깁니다. 그리고 우리는 곧 잠(중심 소재)이 듭니다. 그런데 사람은 왜 잠을 잘까요? 과학자들은 꾸준한 연구를 통해 사람이 잠을 자야 하는 많은 이유를 밝혀냈습니다. 그 중 몇 가지 이유를 살펴봅시다.

▶ 잠을 자야 하는 이유에 대한 궁금증 제시

2 먼저 몸을 쉬게 하려고(잠을 자야 하는 이유 ①) 잠을 잡니다. 우리가 깨어 있는 동안에 우리의 몸은 계속 움직입니다. 그래서 깨어 있는 동안 몸은 점점 피곤해집니다. 그런데 잠을 자는 동안에는 몸이 긴장을 풀고 쉴 수 있습니다. 그래서 우리 몸은 자면서 다음 날 움직일 힘을 얻습니다.

▶ 잠을 자야 하는 이유 ①: 몸이 쉴 수 있음

3 또 뇌는 우리가 잠을 자는 동안 기억을 정리합니다(잠을 자야 하는 이유 ②). 우리는 하루 종일 많은 것을 보고 듣습니다. 만약 이 모두를 기억한다면 머리가 꽉 차 버릴 것(자는 동안 뇌가 기억을 골라내는 이유)입니다. 그래서 뇌는 우리가 자는 동안 기억을 골라 냅니다. 나쁜 기억이나 필요하지 않은 기억은 버리고, 중요한 기억은 오래 기억할 수 있도록 잘 저장하는 것(자는 동안 뇌가 기억을 골라내는 기준)입니다.

▶ 잠을 자야 하는 이유 ②: 기억을 정리할 수 있음

4 특히 어린이는 잠을 꼭 자야 하는데, 그 이유는 잠을 자는 동안 우리 몸에서 여러 가지 호르몬이 나오기 때문입니다(잠을 자야 하는 이유 ③). 그중에서도 몸을 자라게 만드는 성장 호르몬은 깨어 있을 때보다 잠을 잘 때에 훨씬 많이 나옵니다. 그러므로 튼튼하게 쑥쑥 자라고 싶다면 잠을 푹 자야 한답니다.

▶ 잠을 자야 하는 이유 ③: 몸에서 여러 가지 호르몬이 나옴

맞힌 개수 ( ) 개
틀린 개수 ( ) 개

글을 이해해요

✓ 자기 평가

본문 13쪽

01 (중심 낱말 찾기)
몸 밤 (잠) 기 억 머 리

02 (내용 이해)
②

03 (내용 이해)

이건 나쁜 기억이니까 골라내서 버려야겠어.

04 (중심 내용 쓰기)
잠을 자면 [몸]이 쉴 수 있고, 뇌가 중요한 [기][억]을 저장할 수 있다. 또한 자는 동안 우리 몸에서 여러 가지 [호][르][몬]이 나오므로 잠을 꼭 자야 한다.

02 2~4문단에서는 잠을 자야 하는 이유에 대해 설명하고 있는데, 잘 때 꿈을 많이 꿀 수 있어서 잠을 자야 한다는 것은 제시되어 있지 않아요.

오답 풀이
① 2문단에서는 몸을 쉬게 하려고 잠을 잔다고 했어요.
③ 4문단에서는 잠을 자는 동안 우리 몸을 자라게 만드는 성장 호르몬이 나온다고 했어요.

03 3문단에서 뇌는 우리가 자는 동안 기억을 정리한다고 했어요. 뇌는 나쁜 기억이나 필요하지 않은 기억은 버리고, 중요한 기억은 오래 기억할 수 있도록 저장해요.

04 이 글은 사람이 잠을 자야 하는 이유에 대해 설명하고 있어요. 잠을 자면 몸이 쉴 수 있고, 뇌가 중요한 기억을 저장할 수 있어요. 그리고 자는 동안 우리 몸에서는 키가 크는 데 도움을 주는 성장 호르몬을 비롯한 여러 가지 호르몬이 나와요.

어휘를 익혀요

본문 14~15쪽

01 1 ㄷ 2 ㄴ 3 ㄹ 4 ㄱ 5 ㅁ

02 1 호르몬 2 기억 3 긴장

03

20시는 몇 시일까

본문 16쪽

코칭 Tip 이 글은 하루 24시간에 대해 설명하는 글입니다. 0시, 12시, 24시 등 시계를 볼 때 시간을 나타내는 숫자를 어떻게 읽는지 생각하며 글을 읽을 수 있도록 합니다.

◆ 시계를 보면 알 수 있는 것을 찾아 색칠해요.
◆ 오전과 오후의 의미에 각각 밑줄을 그어요.

1 하루는 몇 시간일까요? 시계를 머릿속에 떠올려 봅시다. 시계의 짧은바늘이 1부터 12까지 쓰인 숫자를 가리키면 각각 1시, 2시, 3시……12시입니다. 이렇게 시계의 짧은바늘이 시계를 두 바퀴 돌면 하루가 지나갑니다. 그래서 하루는 24시간입니다.

(시간: 중심 소재) (시계의 짧은바늘이 시계를 두 바퀴 돌면 하루가 지나갑니다: 하루가 24시간인 이유)

▶ 하루 24시간에 대한 설명

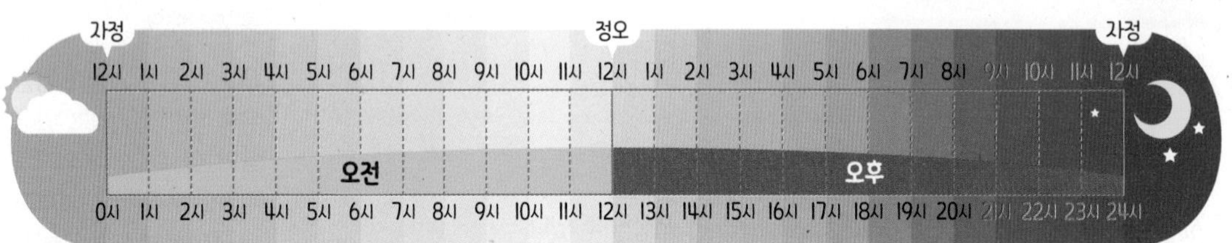

2 하루는 오전 12시간과 오후 12시간으로 나누어집니다. 한편, 밤 12시는 하루의 끝이자 다음 날의 시작이 되는 시간입니다. 그래서 밤 12시는 '0시'라고도 부릅니다. '자정'이라고 부르기도 하고요. 이와 비슷하게 낮 12시를 '정오'라고 부르기도 하지요. 또 자정부터 정오까지를 '오전'이라고 하고, 정오부터 자정까지를 '오후'라고 합니다. 그래서 우리는 낮 12시 다음에 오는 시를 오후 1시라고 합니다. 또 오후 1시를 24시간으로 표시하여 '13시'라고도 합니다. 그러면 20시는 오후 몇 시일까요? 바로 오후 8시입니다.

(밤 12시: 하루가 끝나는 24시이자, 하루가 시작되는 0시) (자정: = 밤 12시) (정오: = 낮 12시) (자정부터 정오까지: 오전의 의미) (정오부터 자정까지: 오후의 의미)

▶ 오전 12시간과 오후 12시간에 대한 설명

글을 이해해요

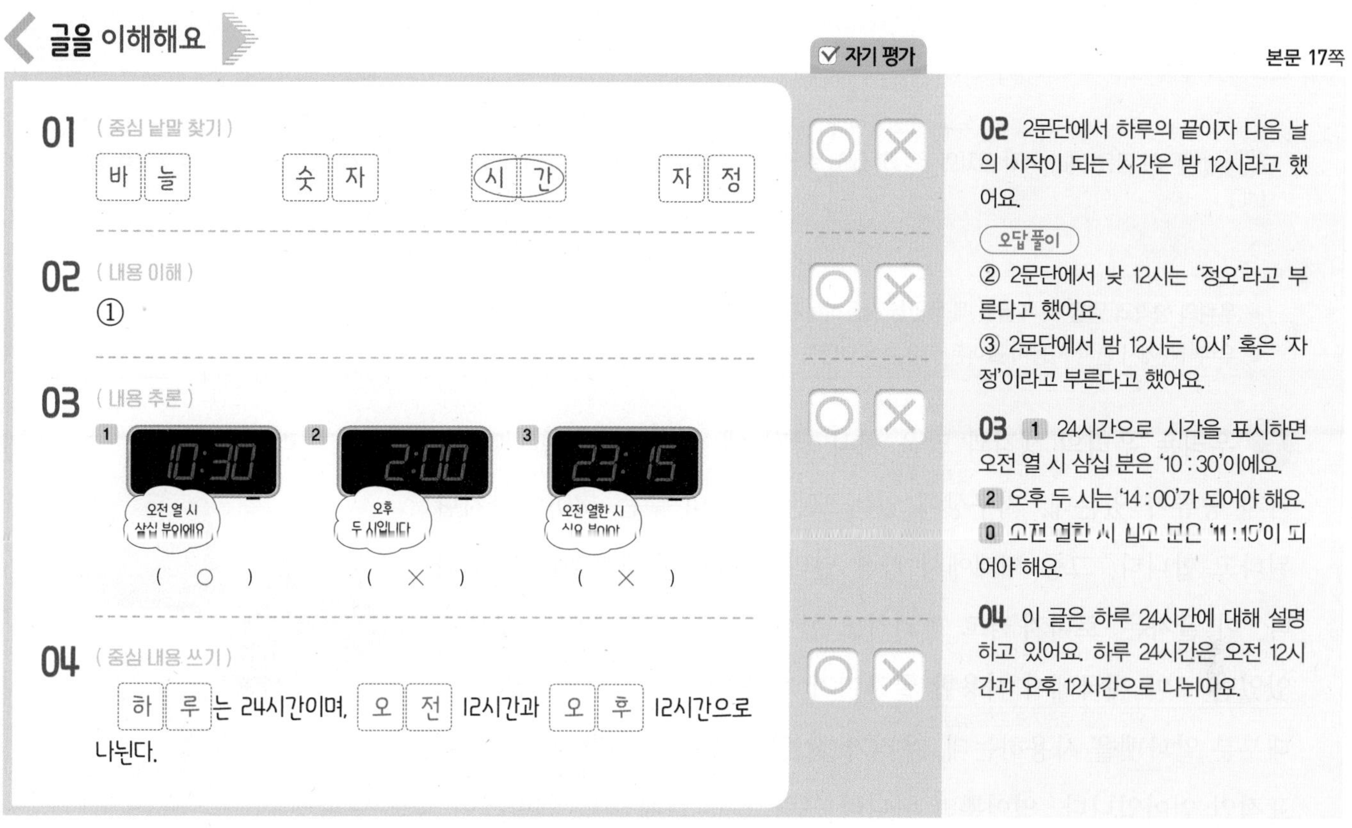

✓ 자기 평가

본문 17쪽

01 (중심 낱말 찾기)

바늘 숫자 (시간) 자정

02 (내용 이해)

①

03 (내용 추론)

1 10:30 오전 열 시 삼십 분이에요 (○)

2 2:00 오후 두 시입니다 (×)

3 23:15 오전 열한 시 십오 분이에요 (×)

04 (중심 내용 쓰기)

하루는 24시간이며, 오전 12시간과 오후 12시간으로 나뉜다.

02 2문단에서 하루의 끝이자 다음 날의 시작이 되는 시간은 밤 12시라고 했어요.

오답 풀이

② 2문단에서 낮 12시는 '정오'라고 부른다고 했어요.

③ 2문단에서 밤 12시는 '0시' 혹은 '자정'이라고 부른다고 했어요.

03 1 24시간으로 시각을 표시하면 오전 열 시 삼십 분은 '10 : 30'이에요.

2 오후 두 시는 '14 : 00'가 되어야 해요.

3 오전 열한 시 십오 분은 '11 : 15'이 되어야 해요.

04 이 글은 하루 24시간에 대해 설명하고 있어요. 하루 24시간은 오전 12시간과 오후 12시간으로 나뉘어요.

어휘를 익혀요

본문 18~19쪽

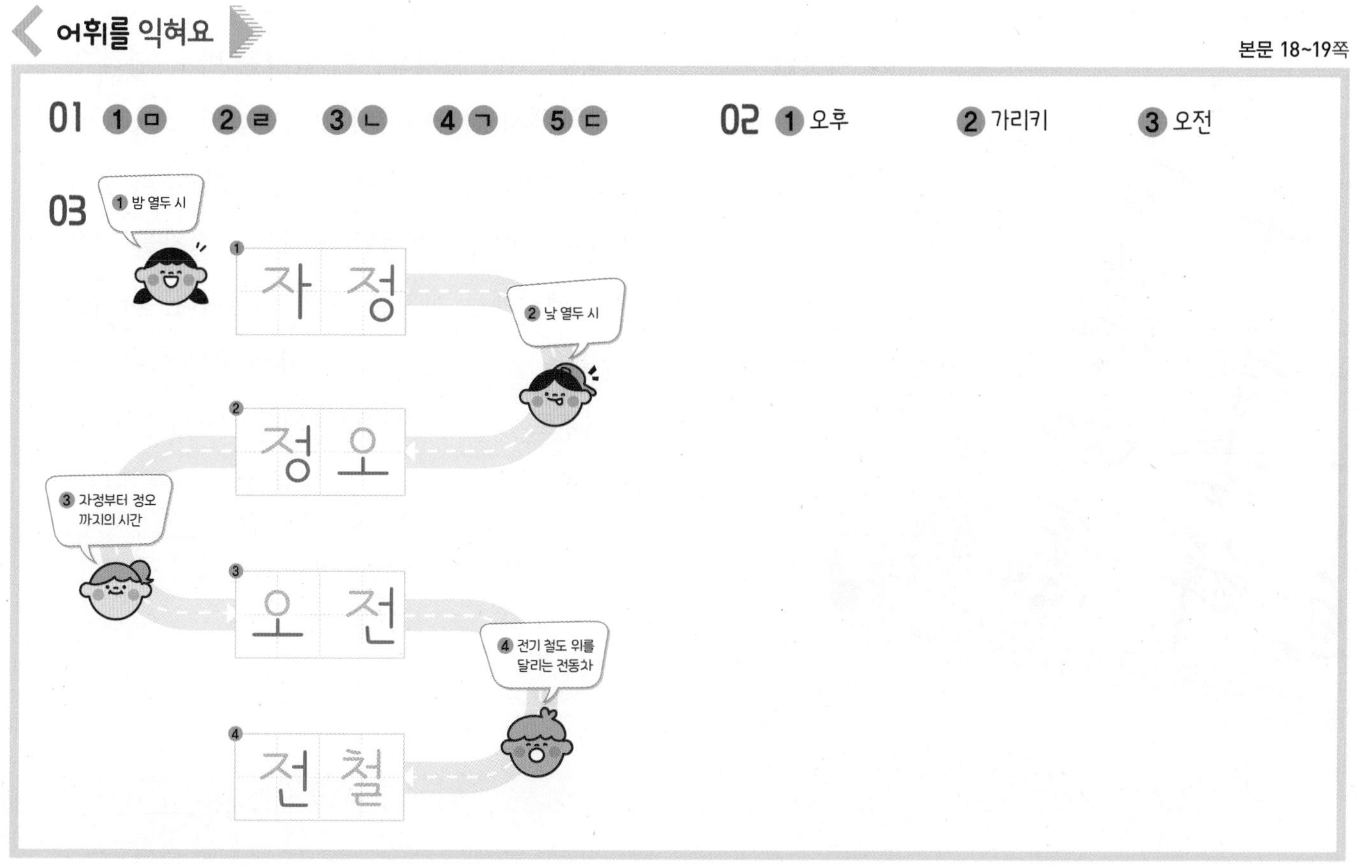

01 1 ㅁ 2 ㄹ 3 ㄴ 4 ㄱ 5 ㄷ

02 1 오후 2 가리키 3 오전

03

04 어떤 글자를 쓸까요

본문 20쪽

코칭 Tip 이 글은 여러 가지 글자의 특징에 대해 설명하는 글입니다. 알파벳과 한자, 한글의 특징을 이해하며 글을 읽을 수 있도록 합니다.

◆ 우리의 생각과 말을 써서 남길 때 무엇을 사용하는지 해당하는 낱말에 색칠해요.
◆ 우리나라에서 한자 사용이 줄어든 이유는 무엇인지 밑줄을 그어요.

1 우리는 우리의 생각과 말을 써서 남길 때(글자의 쓰임) 글자(중심 소재)를 사용합니다. 글자에는 여러 가지 종류가 있는데, 지구상에 있는 모든 글자의 수는 180여 가지나 된다고 합니다. 그중 세계에서 가장 널리 쓰이는 글자는 '알파벳'(글자의 종류 ①)입니다. 이 글자는 '로마자'라고 불리기도 합니다. 그 이유는 옛날 유럽에 있었던 로마 제국에서 사용한 글자이기 때문(알파벳을 로마자라고도 부르는 이유)이에요. 서양의 나라들은 대부분 알파벳을 사용하는데, 우리가 잘 알고 있는 영어(알파벳을 사용하는 언어 ①)가 바로 알파벳을 쓰는 대표적인 언어입니다. 영어뿐만 아니라 프랑스어, 스페인어, 덴마크어(알파벳을 사용하는 언어 ②) 등도 알파벳을 사용하는 언어입니다.

▶ 글자의 종류 ①: 알파벳

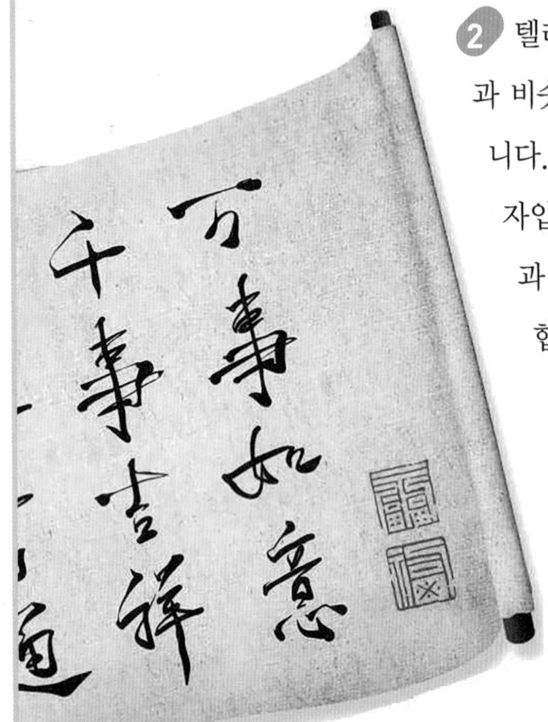

2 텔레비전에서 사극을 보거나, 박물관에 갔을 때 왼쪽에 적힌 것과 비슷한 모양의 글자를 본 적이 있나요? 이 글자는 바로 '한자'(글자의 종류 ②)입니다. 한자는 오래전 중국에서 만들어져서 오늘날까지 쓰이는 글자입니다. 한자는 주로 중국어를 적을 때 쓰지만, 옛날부터 중국과 자주 오갔던 우리나라, 일본, 베트남(한자를 사용하는 나라) 등에서도 한자를 사용합니다. 우리나라도 옛날에는 한자를 많이 썼답니다. 하지만 세종 대왕이 우리말을 정확하게 적을 수 있는 한글(글자의 종류 ③)을 만들었기 때문(우리나라에서 한자 사용이 줄어든 이유)에, 그 이후로 오늘날 우리나라에서는 한글을 주로 쓰고 있습니다.

▶ 글자의 종류 ②, ③: 한자, 한글

글을 이해해요

본문 21쪽

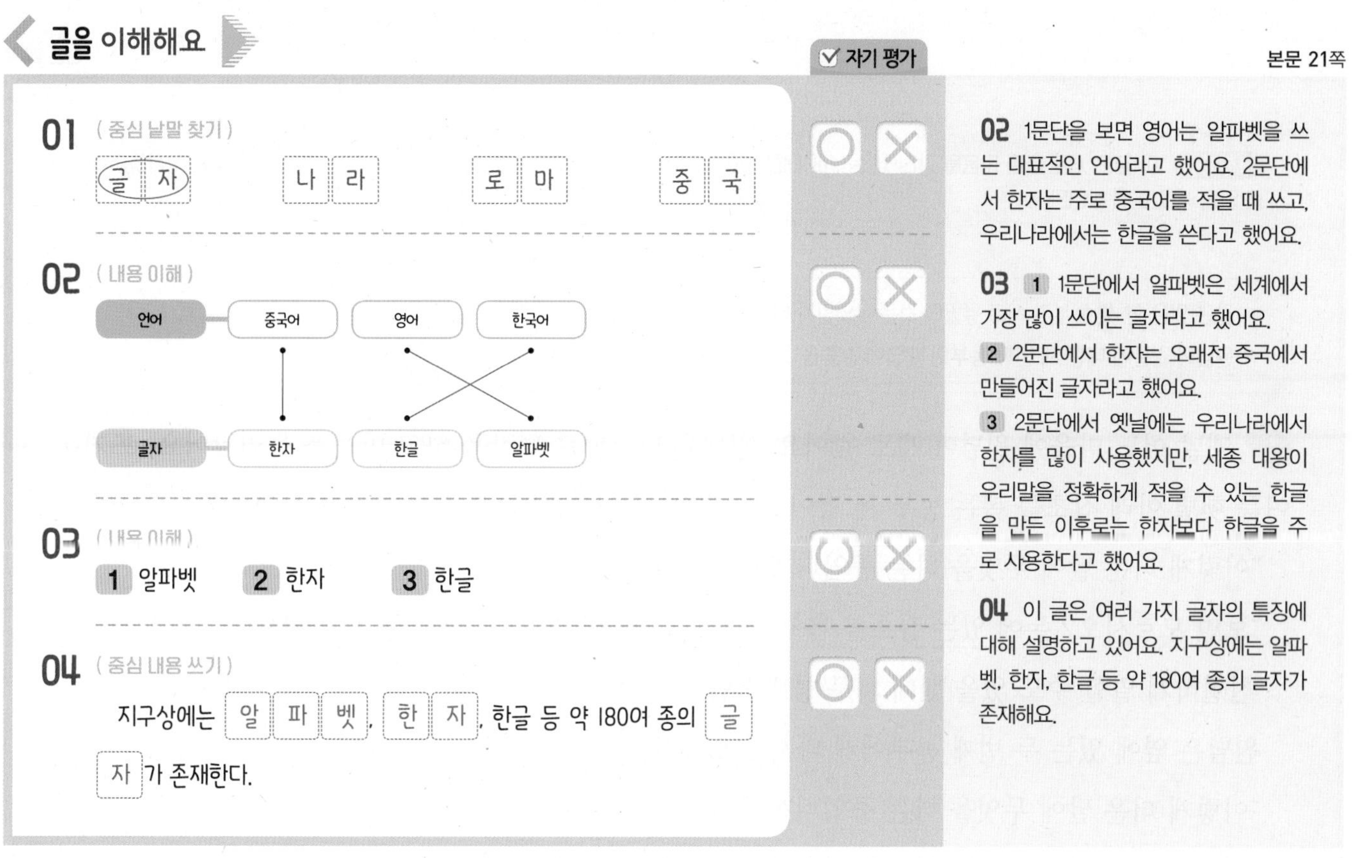

02 1문단을 보면 영어는 알파벳을 쓰는 대표적인 언어라고 했어요. 2문단에서 한자는 주로 중국어를 적을 때 쓰고, 우리나라에서는 한글을 쓴다고 했어요.

03 1 1문단에서 알파벳은 세계에서 가장 많이 쓰이는 글자라고 했어요.
2 2문단에서 한자는 오래전 중국에서 만들어진 글자라고 했어요.
3 2문단에서 옛날에는 우리나라에서 한자를 많이 사용했지만, 세종 대왕이 우리말을 정확하게 적을 수 있는 한글을 만든 이후로는 한자보다 한글을 주로 사용한다고 했어요.

04 이 글은 여러 가지 글자의 특징에 대해 설명하고 있어요. 지구상에는 알파벳, 한자, 한글 등 약 180여 종의 글자가 존재해요.

어휘를 익혀요

본문 22~23쪽

01 1 ㄷ 2 ㄹ 3 ㄱ 4 ㅁ 5 ㄴ

02 1 사극 2 널리 3 오가

03

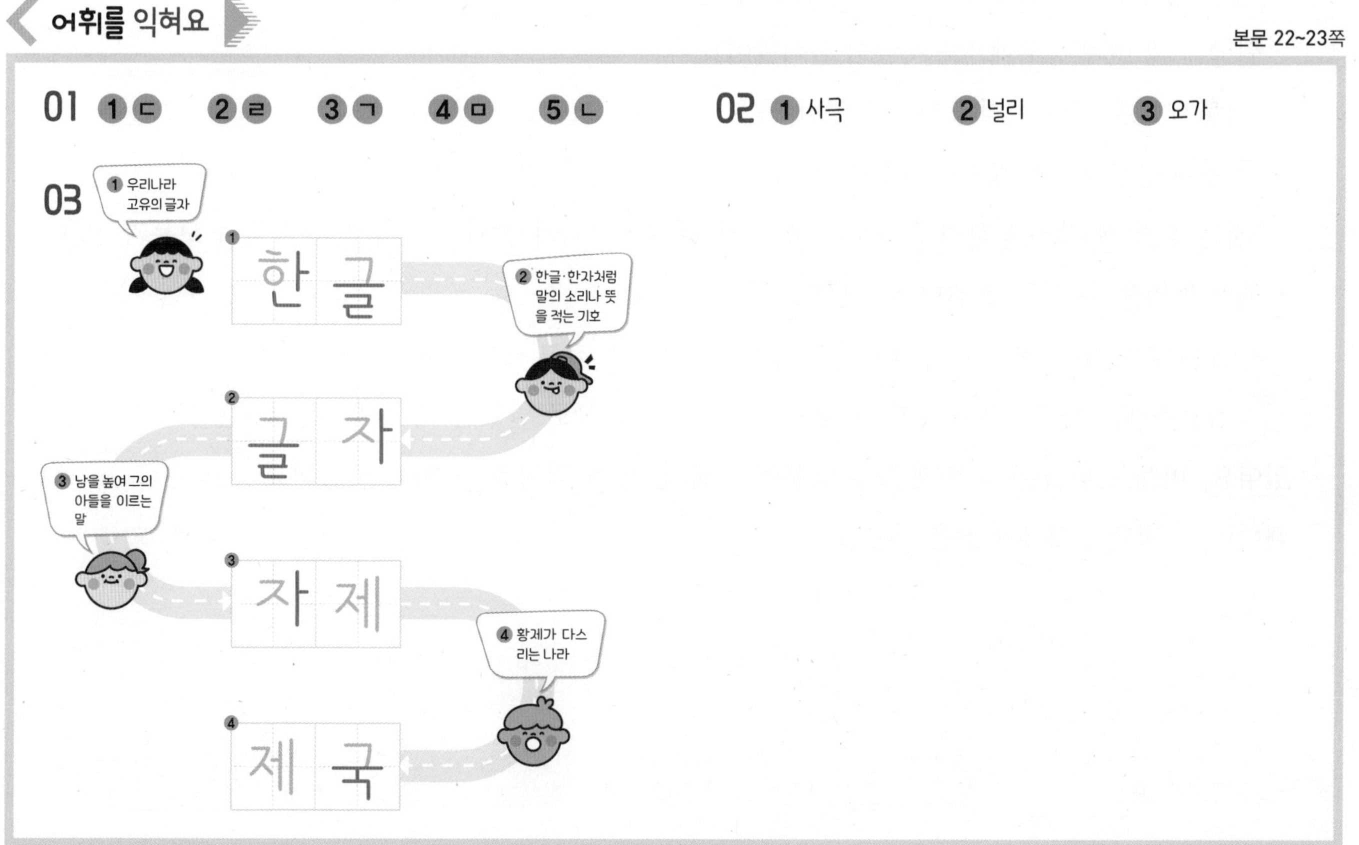

05 세 농부 이야기

본문 24쪽

코칭 Tip 이 글은 서로 다른 마음을 가진 세 농부에 대한 이야기입니다. 인물의 말과 행동을 통해 알 수 있는 인물의 마음을 짐작하며 글을 읽을 수 있도록 합니다.

◆ 같은 일을 한 세 농부가 서로 달랐던 것은 무엇인지 해당하는 낱말에 색칠해요.
◆ 원님의 질문에 대한 세 번째 농부의 대답에 밑줄을 그어요.

1 옛날 어느 마을에 원님이 새로 왔어요. 원님은 나그네로 변장을 하고 마을을 둘러봤어요. 뜨거운 여름 햇볕 아래 잡초를 뽑는 농부 세 명이 보였어요. 원님은 한 농부에게 다가가 물었어요.
중심인물

"이렇게 더운 날에 무엇을 하는 중입니까?"

"보면 모르시오? 논에 있는 잡초를 뽑고 있지 않소? 귀찮게 하지 말고 저리 가시오."
원님의 질문에 대한 첫 번째 농부의 대답

'친절하게 말할 수도 있을 텐데 너무 퉁명스럽군.'

원님은 옆에 있는 두 번째 농부에게 다시 물었어요.

"이렇게 더운 날에 무엇을 하는 중입니까?"

"어휴, 먹고살려고 억지로 일하고 있습니다. 이 무더위에 잡초를 뽑는 내가 불쌍합니다."
원님의 질문에 대한 두 번째 농부의 대답

'하기 싫은데 억지로 일을 한다니 더 힘들겠군.'

원님은 세 번째 농부에게도 똑같이 물어봤어요.

"이렇게 더운 날에 무엇을 하는 중입니까?"

세 번째 농부는 환하게 웃으며 밝은 목소리로 답했어요.

"저는 벼가 잘 자라게 하려고 잡초를 뽑고 있습니다. 농사가 잘되면 우리 마을 사람들 모두가 쌀을 배불리 먹을 수 있을 것 같아서 기쁩니다."
원님의 질문에 대한 세 번째 농부의 대답

원님은 '같은 일을 해도 이렇게 마음이 다를 수 있구나.'라고 생각했어요.
중심 소재
▶ 잡초를 뽑는 세 농부와 대화하는 원님

2 가을이 되었어요. 세 농부의 논 중에서 즐거운 마음으로 일했던 세 번째 농부의 논만 풍작이 들었어요. 마을 사람들은 세 번째 농부 덕분에 겨울 동안 쌀 걱정을 안 하게 되었어요. 원님은 크게 기뻐하며 세 번째 농부에게 상을 내렸답니다.
세 번째 농부가 즐거운 마음으로 일한 결과
▶ 논에 풍작이 든 세 번째 농부에게 상을 내린 원님

맞힌 개수 ( ) 개
틀린 개수 ( ) 개

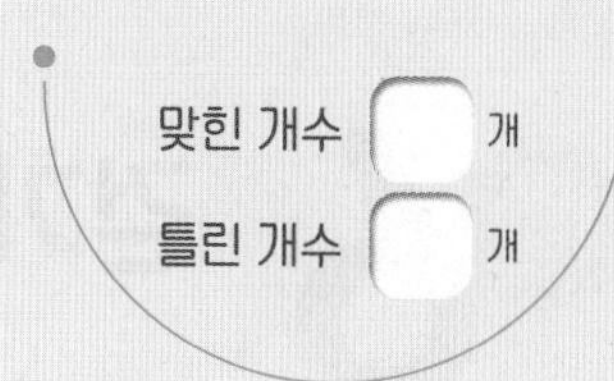

글을 이해해요

✓ 자기 평가

본문 25쪽

01 (중심 낱말 찾기)

날 씨 / (마 음) / 풍 작 / 나 그 네

O X

02 (내용 이해)

1 ○ 2 ○ 3 ✕

O X

03 (내용 추론)

☐ 한울: 숙제는 도대체 왜 해야 하는 거지? 정말 하기 싫고 귀찮아!
☐ 주원: 맞아. 오늘도 어쩔 수 없이 숙제를 해야 해. 숙제를 하는 내가 불쌍해.
☑ 지연: 그렇구나. 나는 숙제를 하면 오늘 배운 내용을 다시 공부할 수 있어서 즐거워.

O X

04 (중심 내용 쓰기)

세 농부는 서로 다른 [마 음]으로 같은 일을 했다. 그 결과 즐거운 마음으로 일한 [세] 번째 농부의 논만 [풍 작]이 들었다.

O X

02 1 세 농부는 모두 뜨거운 여름 햇볕 아래에서 논에 있는 잡초를 뽑는 일을 하고 있어요.
2 즐거운 마음으로 잡초 뽑는 일을 한 세 번째 농부의 논만 풍작이 들었어요.
3 첫 번째 농부와 두 번째 농부는 잡초를 뽑는 일을 하기 싫어했어요. 하지만 세 번째 농부는 즐겁게 잡초를 뽑았어요. 따라서 세 농부는 다른 마음으로 잡초를 뽑는 일을 했어요.

03 한울이는 첫 번째 농부처럼 숙제를 하는 것을 못마땅해하고 있어요. 주원이는 두 번째 농부처럼 숙제를 하는 자신을 불쌍하게 여기고 있어요. 지연이는 세 번째 농부처럼 즐거운 마음으로 숙제를 하고 있어요. 따라서 세 번째 농부와 가장 비슷한 마음으로 숙제를 하는 친구는 지연이에요.

04 이 글은 서로 다른 마음을 가진 세 농부의 이야기예요. 세 농부 모두 잡초를 뽑는 일을 했지만, 서로 다른 마음으로 일을 했어요. 그 결과 즐거운 마음으로 일한 세 번째 농부의 논만 풍작이 들었어요.

어휘를 익혀요

본문 26~27쪽

01 1 ㄴ 2 ㅁ 3 ㄷ 4 ㄹ 5 ㄱ

02 1 풍작 2 나그네 3 변장

03

마	음	풍	작	퉁
을	무	겁	다	명
햇	볕	더	논	스
사	잡	가	위	럽
람	초	여	름	다

1 매우 견디기 힘든 더위: 무 더 위

2 주로 시골에서, 여러 집이 모여 사는 곳: 마 을

3 사람이 속으로 품고 있는 생각이나 감정: 마 음

4 가꾸지 않아도 저절로 나서 자라는 여러 가지 풀: 잡 초

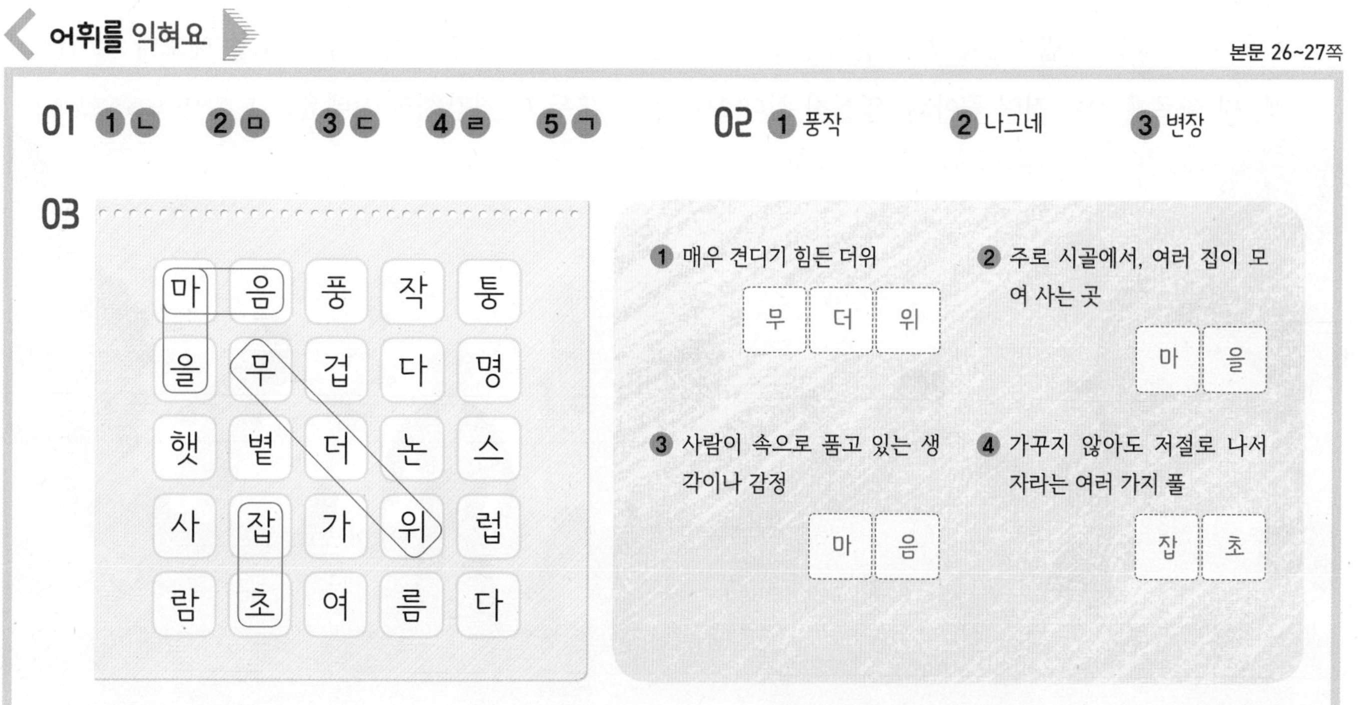

걷기도 운동이야

본문 32쪽

코칭 Tip 이 글은 걷기 운동에 대해 설명하는 글입니다. 일상생활에서 쉽게 할 수 있는 걷기 운동의 장점과 걷기 운동의 올바른 자세에 대해 이해하며 글을 읽을 수 있도록 합니다.

- ◆ 우리가 일상생활에서 쉽게 할 수 있는 유산소 운동에 색칠해요.
- ◆ 걷기 운동의 올바른 자세에 대해 설명하는 부분에 밑줄을 그어요.

1 우리가 일상생활에서 쉽게 할 수 있는 운동에는 무엇이 있을까요? 바로 '걷기'(중심 소재)가 있겠네요. 걷기는 따로 운동 기구가 필요하지 않아요. 그리고 특별한 방법을 배우지 않아도 쉽게 할 수 있지요. 운동은 땀을 뻘뻘 흘리면서 근육을 쑥쑥 키울 수 있어야 하는 거 아니냐고요? 걷기는 쉬워 보이지만 충분히 훌륭한 유산소 운동이랍니다(걷기 운동 소개). '유산소 운동'이란 몸 안에 최대한 많은 산소가 들어가도록 편안하게 숨을 쉬면서 할 수 있는 운동(유산소 운동의 개념)을 말해요.

▶ 유산소 운동인 걷기 운동 소개

2 걷기는 심장과 폐를 튼튼하게 만들어 주고(걷기 운동의 장점 ①), 몸속에서 피가 잘 돌게 하여 심장병도 예방해 줘요(걷기 운동의 장점 ②). 그리고 걷기를 꾸준히 하면 몸속의 지방이 없어져서 뚱뚱해지지도 않아요(걷기 운동의 장점 ③). 걷기 운동의 좋은 점은 더 있어요. 걸을 때 우리 몸의 뼈는 자극을 받아 더 단단해져서 잘 부러지지 않는다고 해요(걷기 운동의 장점 ④). 면역력이 강해져서 감기도 덜 걸리게 된답니다(걷기 운동의 장점 ⑤). 이렇게 걷기는 건강을 위한 효과 만점의 운동이지요. 기분이 안 좋고 스트레스를 받은 날에는 밖으로 나가 걸어 보세요. 마법처럼 기분이 좋아질 거예요.

▶ 걷기 운동의 여러 가지 장점

3 걷기 운동을 할 때에는 바른 자세로 걷는 것이 중요해요. 허리는 곧게 펴고, 머리는 세우며, 팔은 힘을 주지 않고 가볍게 흔들면서 걸어야 한답니다(걷기 운동의 올바른 자세). 운동으로 걷는 것이기 때문에 보통 때보다 더 길게, 더 빠르게 걷는 것이 좋아요. 열심히 걷다 보면 우리 모두 더 건강해질 거예요.

▶ 걷기 운동의 올바른 자세

글을 이해해요

✓ 자기 평가

본문 33쪽

01 (중심 낱말 찾기)

걷기 근육 머리 자세

02 (내용 이해)

③

03 (내용 이해)

허리		머리		팔	
곧게 편다.	구부린다.	세운다.	푹 숙인다.	세게 흔든다.	가볍게 흔든다.
✓		✓			✓

04 (중심 내용 쓰기)

걷기 운동은 일상생활에서 쉽게 할 수 있는 훌륭한 유산소 운동이다. 걷기 운동을 하면 건강에 여러 가지로 좋은 점이 많으며, 걷기 운동을 할 때 바른 자세로 걷는 것이 중요하다.

02 2문단에서 걷기 운동을 꾸준히 하면 몸속의 지방이 없어진다고 했어요.

오답 풀이

① 2문단에서 걷기 운동을 하면 면역력이 강해져서 감기도 덜 걸리게 된다고 했어요.

② 2문단에서 걷기 운동은 심장과 폐를 튼튼하게 만들어 준다고 했어요.

03 3문단에서는 걷기 운동의 올바른 자세에 대해 설명하고 있어요. 걷기 운동을 할 때에는 허리를 곧게 펴고, 머리는 세우며, 팔은 힘을 주지 않고 가볍게 흔들면서 걸어야 해요.

04 이 글은 걷기 운동의 장점과 걷기 운동의 올바른 자세에 대해 설명하고 있어요. 걷기 운동은 운동 기구 없이도 쉽게 할 수 있는 훌륭한 유산소 운동이자 건강을 위한 효과 만점의 운동이에요.

어휘를 익혀요

본문 34~35쪽

01 ① ㄹ ② ㅁ ③ ㄷ ④ ㄴ ⑤ ㄱ

02 ① 자극 ② 스트레스 ③ 면역력

03 (1) (2)

(1)

어휘	비슷한 말
① 자극	(충격) / 편리
② 지방	근육 / (기름)
③ 특별하다	(각별하다) / 비슷하다

(2)

어휘	반대말
① 건강	건실 / (허약)
② 운동	(휴식) / 움직임
③ 튼튼하다	강하다 / (약하다)

아이스크림을 만들어요

본문 36쪽

코칭 Tip 이 글은 아이스크림을 만드는 방법에 대해 설명하는 글입니다. 아이스크림을 만들 때 필요한 재료와 아이스크림을 만드는 방법에 대해 이해하며 글을 읽을 수 있도록 합니다.

◆ 이 글은 무엇을 만드는 방법에 대해 설명하는지 해당하는 낱말에 색칠해요.
◆ 아이스크림을 부드럽게 만드는 방법을 설명하는 부분에 밑줄을 그어요.

1 아이스크림(중심 소재)을 만드는 방법은 생각보다 간단합니다. 우선 아이스크림을 만들기 위한 기본 재료가 필요합니다. 이것을 '베이스(base)'(아이스크림을 만들 때 필요한 기본 재료)라고 하는데 베이스는 크림, 우유, 설탕(베이스에 들어가는 재료)을 섞어서 만듭니다. 이 베이스를 휘저어 공기가 섞여 들어가게 하면서 동시에 차갑게 얼리면 아이스크림이 만들어집니다.
▶ 아이스크림의 기본 재료인 베이스 소개

2 이러한 방법으로 집에서도 간단하게 아이스크림을 만들 수 있습니다. 우선 소금과 얼음을 넣은 큰 그릇을 준비하고(아이스크림을 만드는 과정 ①), 큰 그릇 안에 작은 그릇을 겹쳐 넣습니다(아이스크림을 만드는 과정 ②). 그다음 작은 그릇 안에 크림, 우유, 설탕으로 만든 베이스를 넣고 열심히 저으면 됩니다(아이스크림을 만드는 과정 ③). 소금과 얼음이 만나면 주위의 열을 흡수합니다. 이때 큰 그릇 안에 있는 소금과 얼음이 베이스를 차갑게 얼려서 아이스크림이 만들어지는 것입니다.
▶ 아이스크림을 만드는 과정

3 아이스크림은 입안에서 부드럽게 녹습니다. 그럼 어떻게 하면 아이스크림을 부드럽게 만들 수 있을까요? 아이스크림의 부드러움은 우선 얼음 조각의 크기와 관계가 있습니다. 아이스크림 베이스가 얼 때 작은 얼음 조각들이 생기는데, 이 얼음 조각의 크기가 작으면 작을수록 아이스크림이 부드럽습니다(아이스크림을 부드럽게 만드는 방법 ①). 또 베이스를 저을 때 공기가 얼마만큼 들어가느냐에 따라 아이스크림의 부드러움이 결정됩니다. 공기가 많이 들어갈수록 아이스크림이 부드러워지고(아이스크림을 부드럽게 만드는 방법 ②), 공기가 적게 들어갈수록 빽빽해집니다. 하지만 아이스크림이 부드럽다고 무조건 좋은 것은 아닙니다. 그만큼 빨리 녹기 때문이죠. ▶ 아이스크림을 부드럽게 만드는 방법

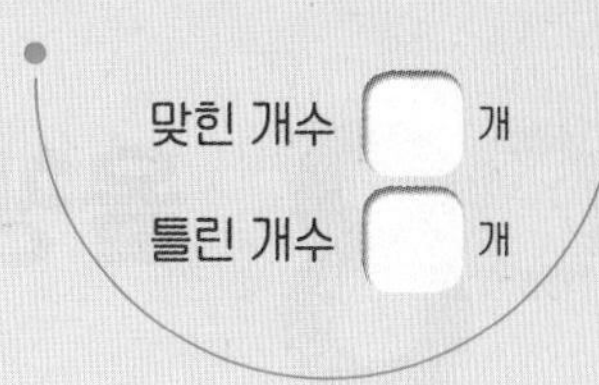

글을 이해해요

본문 37쪽

자기 평가

01 (중심 낱말 찾기)
설탕 소금 우유 (아이스크림)

02 (내용 이해)
ㄷ → ㄴ → ㄱ

03 (내용 이해)
1 많이 2 작게

04 (중심 내용 쓰기)
아이스크림을 만들기 위해서는 베이스를 휘저어 공기가 섞여 들어가게 하면서 동시에 차갑게 얼리면 된다.

02 2문단을 보면 아이스크림을 만드는 과정이 나와 있어요. 우선 소금과 얼음을 큰 그릇에 담고(ㄷ), 큰 그릇 안에 작은 그릇을 겹쳐 넣어요(ㄴ). 그리고 작은 그릇에 베이스를 넣고 휘저으면(ㄱ) 아이스크림이 만들어져요.

03 1 3문단에서 아이스크림은 베이스에 공기가 많이 들어갈수록 부드러워진다고 했어요.
2 3문단에서 아이스크림은 베이스가 얼 때 생기는 작은 얼음 조각들의 크기가 작을수록 부드러워진다고 했어요.

04 이 글은 아이스크림을 만드는 방법에 대해 설명하고 있어요. 아이스크림의 기본 재료인 베이스를 저어 공기가 섞여 들어가게 하면서 동시에 차갑게 얼리면 아이스크림이 만들어져요.

어휘를 익혀요

본문 38~39쪽

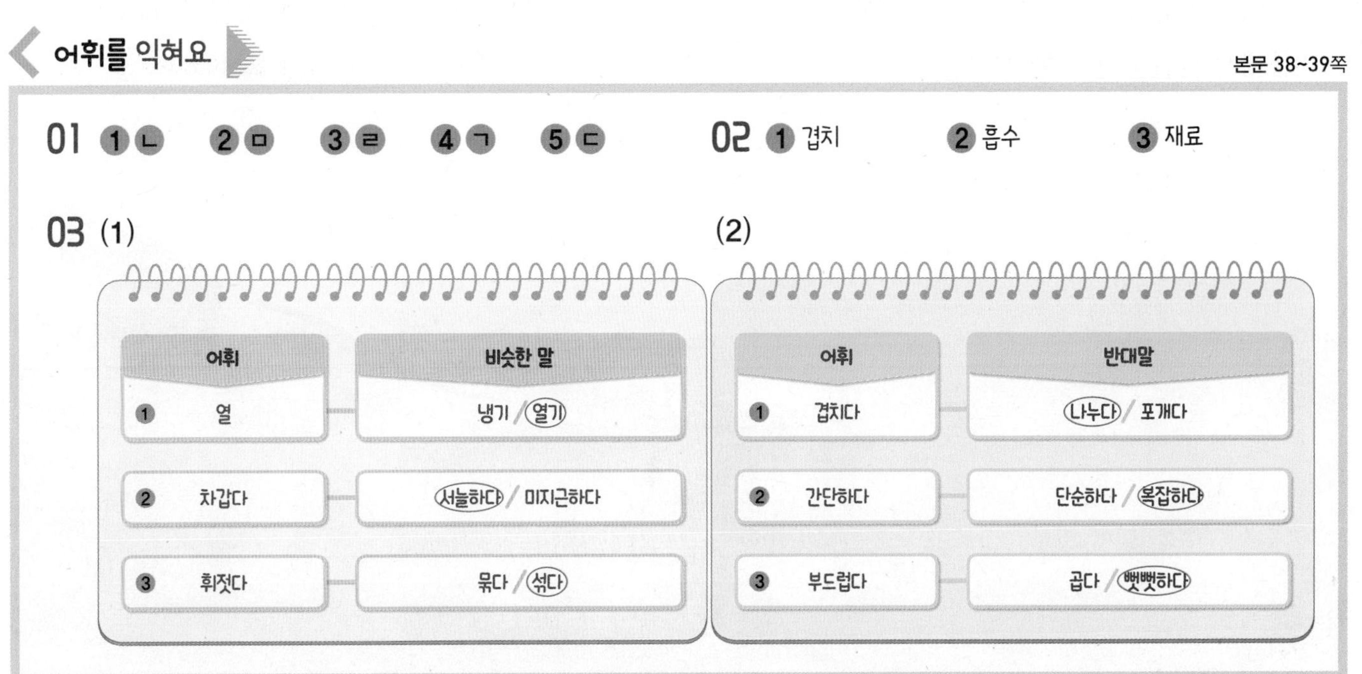

01 1 ㄴ 2 ㅁ 3 ㄹ 4 ㄱ 5 ㄷ

02 1 겹치 2 흡수 3 재료

03 (1)

어휘	비슷한 말
1 열	냉기 / (열기)
2 차갑다	(서늘하다) / 미지근하다
3 휘젓다	묶다 / (섞다)

(2)

어휘	반대말
1 겹치다	(나누다) / 포개다
2 간단하다	단순하다 / (복잡하다)
3 부드럽다	곱다 / (뻣뻣하다)

08 올챙이가 개구리가 돼요

본문 40쪽

코칭 Tip 이 글은 알에서 태어난 올챙이가 개구리가 되기까지의 과정을 설명하는 글입니다. 알, 올챙이, 개구리 각각의 특징과 변화 과정에 대해 이해하며 글을 읽을 수 있도록 합니다.

◆ 올챙이가 다 자라면 무엇이 되는지 해당하는 낱말에 색칠해요.
◆ 올챙이가 숨을 쉬는 방법과 개구리가 숨을 쉬는 방법에 각각 밑줄을 그어요.

1 네 다리로 폴짝폴짝 뛰며 개굴개굴 소리를 내는 개구리를 본 적이 있나요? 그리고 물속에서 꼬
중심 소재
물꼬물 움직이는 올챙이를 본 적이 있나요? 알에서 태어나는 올챙이는 자라서 개구리가 된답니다. 올챙이가 어떻게 개구리가 되는지 함께 알아보아요. 먼저 개구리는 물속에서 알을 낳습니다. 개구리의 알은 포도알처럼 둥글게 생겼어요. 물렁물렁하고 투명한 젤리 안에 검은색 점이 하나씩 박혀 있는 모
개구리 알의 모양 ① 개구리 알의 모양 ②
양이랍니다. 개구리는 알을 엄청나게 많이 낳아요. 하지만 대부분 다른 동물의 먹이가 되고 일부만
개구리가 알을 많이 낳는 이유
부화합니다.

▶ 개구리 알의 모양과 개구리가 알을 많이 낳는 이유

2 그리고 알을 낳은 지 약 2주가 지나면 알에서 올챙이가 태어납니다. 올챙이의 머리 부분은 둥글고 눈과 입이 있어요. 올챙이는 물속에서 지내며 아가미로 숨을 쉽니다. 그리고 긴 꼬리가 있어 꼬리
올챙이가 숨을 쉬는 방법
를 움직여서 헤엄을 칩니다.

▶ 개구리 알에서 올챙이가 되는 과정

3 올챙이는 자라면서 뒷다리가 먼저 나옵니다. 그다음 앞다리가 나오고 꼬리가 점점 짧아지다가
올챙이에서 개구리가 되면서 생기는 변화 ① 올챙이에서 개구리가 되면서 생기는 변화 ②
사라지면서 개구리의 모습으로 바뀝니다. 올챙이의 아가미는 앞다리가 나오면서 없어집니다. 꼬리가
올챙이에서 개구리가 되면서 생기는 변화 ③
없어지면 완전한 개구리가 되어 폐와 피부로 숨을 쉽니다. 다 자란 개구리는 땅에서 생활하기도 하고
개구리가 숨을 쉬는 방법
물에서 생활하기도 한답니다.

▶ 올챙이에서 개구리가 되는 과정

글을 이해해요

✓ 자기 평가

본문 41쪽

01 (중심 낱말 찾기)

알　꼬리　(개구리)　아가미

02 (내용 이해)

1 ○　2 ○　3 ×

03 (내용 이해)

1 아가미　2 폐　3 피부

04 (중심 내용 쓰기)

개구리가 물속에 낳은 [알]에서 [올챙이]가 태어난다. 올챙이는 자라면서 뒷다리에서 앞다리 순으로 다리가 나오고, [꼬리]가 사라지면서 개구리가 된다.

02 1 1문단에서 개구리는 알을 엄청나게 많이 낳는다고 했어요.
2 1문단에서 개구리의 알 대부분은 다른 동물에게 먹히고, 일부만 부화한다고 했어요.
3 1문단에서 개구리의 알은 포도알처럼 둥글게 생겼고, 물렁물렁하고 투명한 젤리 안에 검은색 점이 하나씩 박혀 있는 모양이라고 했어요.

03 2문단을 보면 올챙이는 물속에서 아가미로 숨을 쉰다고 했어요. 그리고 3문단을 보면 올챙이가 개구리가 되면서 아가미는 없어지고 폐와 피부로 숨을 쉰다고 했어요.

04 이 글은 개구리 알이 올챙이가 되고 올챙이가 개구리가 되는 과정을 설명하고 있어요. 알에서 태어난 올챙이는 자라면서 뒷다리가 먼저 나오고, 그다음에 앞다리가 나와요. 그리고 점점 꼬리가 사라지면서 개구리가 돼요.

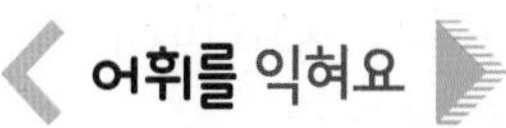

어휘를 익혀요

본문 42~43쪽

01 1 ㄹ　2 ㄴ　3 ㄷ　4 ㅁ　5 ㄱ

02 1 부화　2 투명　3 아가미

03

09 말하는 돌고래

본문 44쪽

코칭 Tip 이 글은 대화를 할 수 있는 돌고래의 언어 능력에 대해 설명하는 글입니다. 돌고래의 다양한 말하기 방법을 이해하며 글을 읽을 수 있도록 합니다.

◆ 사람을 빼고 이 세상에서 가장 똑똑한 동물로 꼽히는 것을 찾아 색칠해요.
◆ 돌고래가 말하는 방법 세 가지에 각각 밑줄을 그어요.

1 사람을 빼고 이 세상에서 가장 똑똑한 동물은 무엇일까요? 여러 가지 의견이 있지만, 많은 사람들이 돌고래(중심 소재)를 꼽습니다. 돌고래는 20년 전에 헤어졌던 친구를 기억할 정도로 머리가 좋기 때문이에요(돌고래를 가장 똑똑한 동물로 꼽는 이유 ①). 돌고래를 똑똑한 동물이라고 생각하는 또 다른 이유는 돌고래끼리 대화를 할 수 있기 때문입니다(돌고래를 가장 똑똑한 동물로 꼽는 이유 ②). 물론 사람은 못 알아듣는 말이지만요.

▶ 돌고래를 가장 똑똑한 동물로 꼽는 이유

2 돌고래가 말하는 방법은 다른 동물보다 훨씬 발달했습니다. 돌고래는 '나', '사과' 같이 낱말만으로 말하는 것이 아니라, '나는 사과를 좋아해.'처럼 문장을 만들어서 대화한다고(돌고래가 말하는 방법 ①) 합니다. 또, 사람의 이름처럼 각각의 돌고래를 가리키는 소리가 있어서 이 소리로 서로를 부른다고(돌고래가 말하는 방법 ②) 합니다. 심지어는 상대방의 말이 끝나기를 기다렸다가 말을 하는(돌고래가 말하는 방법 ③) 대화 예절도 있다고 하니, 사람 못지않다고 할 수 있죠?

▶ 돌고래가 말하는 방법

3 돌고래 중에는 외국어를 할 줄 아는 돌고래도 있습니다. 사는 나라가 다르면 사람들이 쓰는 말이 다른 것처럼, 돌고래도 사는 곳에 따라서 사용하는 말이 다릅니다. 서로 먼 지역에 사는 돌고래끼리는 말이 통하지 않지만, 그 중간 지역에 사는 돌고래는 양쪽의 말을 조금씩 할 줄 안대요(돌고래의 외국어 구사 능력). 이만하면 돌고래를 동물계의 언어 천재라고 불러도 되지 않을까요?

▶ 사는 곳에 따라 사용하는 말이 다른 돌고래

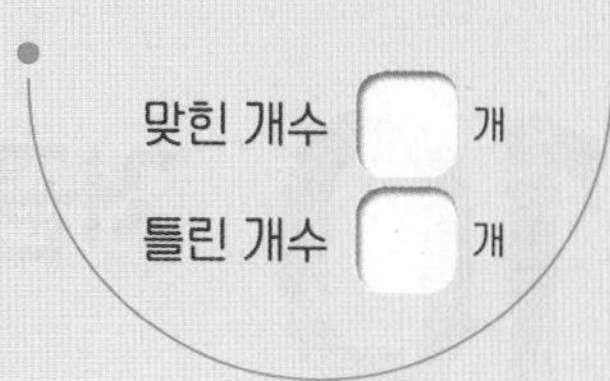

글을 이해해요

본문 45쪽

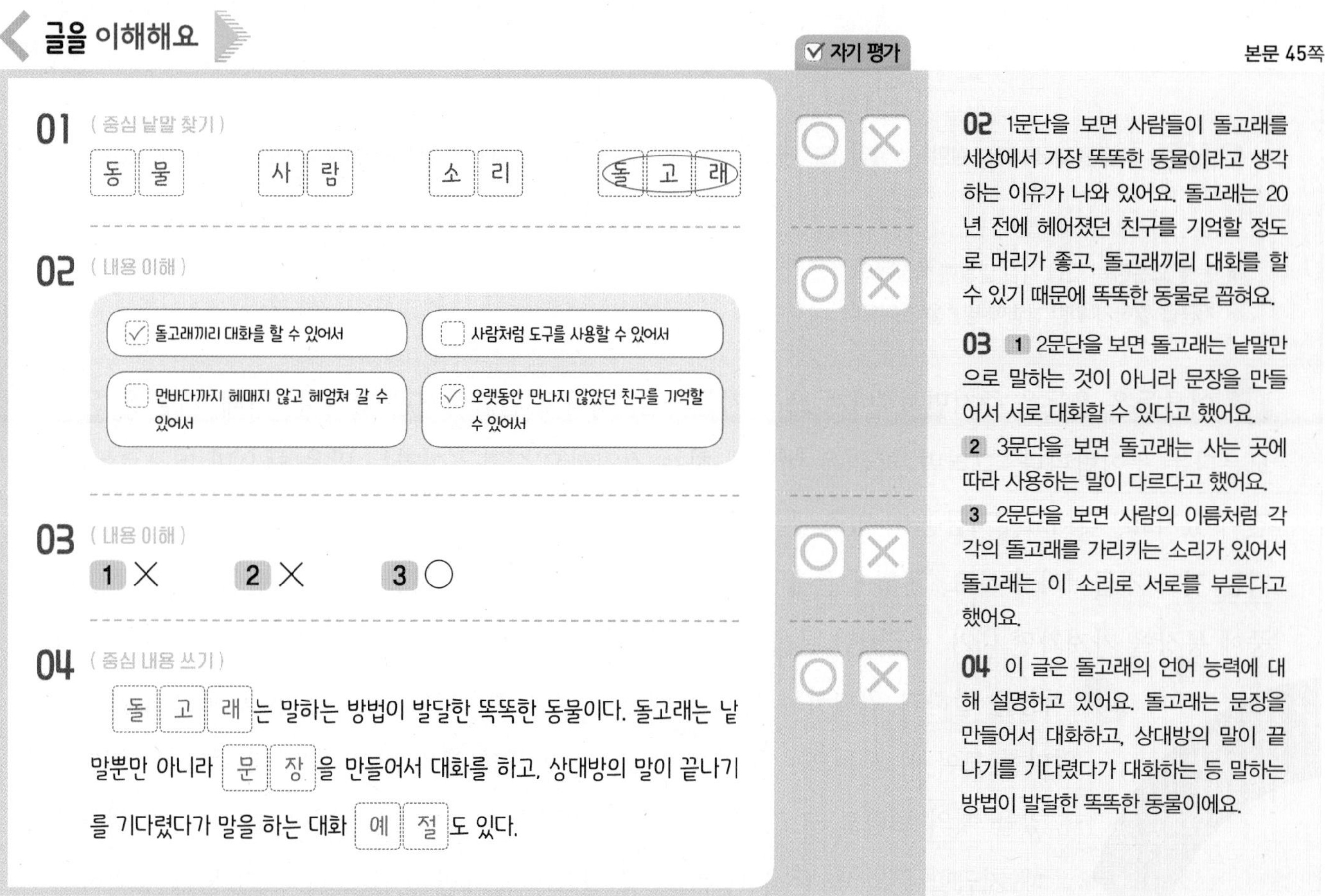

02 1문단을 보면 사람들이 돌고래를 세상에서 가장 똑똑한 동물이라고 생각하는 이유가 나와 있어요. 돌고래는 20년 전에 헤어졌던 친구를 기억할 정도로 머리가 좋고, 돌고래끼리 대화를 할 수 있기 때문에 똑똑한 동물로 꼽혀요.

03 1 2문단을 보면 돌고래는 낱말만으로 말하는 것이 아니라 문장을 만들어서 서로 대화할 수 있다고 했어요.
2 3문단을 보면 돌고래는 사는 곳에 따라 사용하는 말이 다르다고 했어요.
3 2문단을 보면 사람의 이름처럼 각각의 돌고래를 가리키는 소리가 있어서 돌고래는 이 소리로 서로를 부른다고 했어요.

04 이 글은 돌고래의 언어 능력에 대해 설명하고 있어요. 돌고래는 문장을 만들어서 대화하고, 상대방의 말이 끝나기를 기다렸다가 대화하는 등 말하는 방법이 발달한 똑똑한 동물이에요.

어휘를 익혀요

본문 46~47쪽

10 저금을 해요

본문 48쪽

코칭 Tip 이 글은 저금에 대해 설명하는 글입니다. 저금을 잘하는 방법과 저금을 해야 하는 이유를 파악하며 글을 읽을 수 있도록 합니다.

◆ 돈을 모은다는 뜻을 가진 낱말에 색칠해요.
◆ 저금을 잘하기 위한 방법에 밑줄을 그어요.

1 어른들은 용돈을 주시면서 "아껴 쓰고 저금하렴."이라고 말씀하시곤 합니다. 이때 '저금'은 돈을 모은다는 뜻이랍니다. 그러면 '저금'은 어떻게 하는 것일까요? '저금'이라는 말을 들으면 떠오르는 물건이 있지요? 맞아요. '저금통'이 있죠. 돈을 저금통에 넣어서 직접 모을 수 있습니다. 돈을 은행에 맡기는 것도 저금이라고 해요. 『은행에 돈을 맡기면 내가 저금한 액수가 적힌 '통장'을 만들어 주는데, 나중에 통장을 가져가면 내가 저금했던 돈을 되찾을 수 있답니다.』

(중심 소재 / 저금의 뜻 ① / 저금하는 방법 ① / 저금의 뜻 ② / 『 』: 저금하는 방법 ②)

▶ 저금의 뜻과 방법

2 저금을 잘하기 위해서는 목표를 정하는 것이 좋습니다. 무작정 돈을 모으기보다는, 얼마를 모아서 그 돈으로 무엇을 하겠다는 목표를 세워 봐요. 그러면 목표한 돈을 모았을 때의 보람도 크고, 모은 돈을 계획적으로 쓸 수 있습니다. 또 용돈이 생겼을 때 저금할 돈과 쓸 돈을 나누고, 꼭 필요한 곳에만 돈을 쓰다 보면 돈을 낭비하지 않을 수 있습니다.

(저금을 잘하는 방법 / 목표를 정해 저금을 하면 좋은 점 ① / 목표를 정해 저금을 하면 좋은 점 ②)

▶ 저금을 잘하는 방법: 목표 정하기

3 이렇게 저금을 해야 하는 이유는 큰돈이 필요할 때 쓰기 위해서예요. 용돈을 모으면 평소에 비싸서 사지 못했던 물건을 스스로의 힘으로 살 수도 있습니다. 특히 어릴 때부터 저금하는 습관을 들이면 돈을 소중히 하는 태도가 길러집니다. 또 돈을 낭비하지 않고, 필요한 곳에 알맞은 만큼만 쓰게 됩니다. 우리 함께 오늘부터 저금하는 습관을 길러 보아요.

(저금을 해야 하는 이유 / 저금하는 습관을 기르면 좋은 점 ① / 저금하는 습관을 기르면 좋은 점 ②)

▶ 저금을 해야 하는 이유 및 저금하는 습관을 기르면 좋은 점

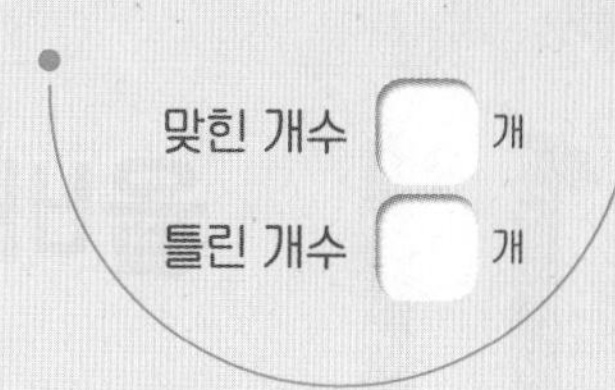

글을 이해해요

✓ 자기 평가

본문 49쪽

01 (중심 낱말 찾기)
낭비 용돈 은행 저금

02 (내용 이해)
②

03 (내용 이해)
ㄷ

04 (중심 내용 쓰기)
저금을 잘하기 위해서는 목표를 정하는 것이 좋다. 저금을 하면 큰돈이 필요할 때 쓸 수 있고, 돈을 낭비하지 않을 수 있다.

02 3문단을 보면 큰돈이 필요할 때 쓰기 위해서 저금을 해야 한다고 했어요. ②처럼 무조건 용돈을 쓰지 않는다면 알맞게 돈을 쓰는 법을 배울 수 없게 돼요.

오답 풀이
① 1문단에서 저금은 돈을 저금통에 넣어 직접 모으거나, 은행에 맡기는 것이라고 했어요.
③ 2문단에서는 저금을 할 때 얼마를 모아서 그 돈으로 무엇을 할지 목표를 정하라고 했어요.

03 도현이는 저금을 해서 큰돈이 드는 장난감을 스스로의 힘으로 샀어요. 3문단을 보면 저금을 하면 평소에 비싸서 사지 못했던 물건을 스스로의 힘으로 살 수 있다고 했어요. 따라서 도현이가 할 말로 가장 적절한 것은 ㄷ이에요.

04 이 글은 저금을 잘하는 방법과 저금을 해야 하는 이유에 대해 설명하고 있어요. 저금을 잘하기 위해서는 목표를 정하는 것이 좋아요. 그리고 저금을 하면 큰돈이 필요할 때 쓸 수 있고, 돈을 낭비하지 않을 수 있어요.

어휘를 익혀요

본문 50~51쪽

01 1 ㅁ 2 ㄷ 3 ㄹ 4 ㄴ 5 ㄱ

02 1 낭비 2 목표 3 보람

03

물	건	비	선	물
모	습	관	싸	비
으	방	저	목	다
다	화	금	표	용
액	수	통	장	돈

1 물건값이나 비용의 액수가 많다. 비싸다
2 돈을 집어넣어 모을 수 있게 만든 통 저금통
3 은행에서 예금과 출금의 내용을 적어 주는 작은 장부 통장
4 무언가를 한군데로 합치거나 돈이나 재물을 써 버리지 않고 쌓아 두다. 모으다

11 올바른 약 먹기

본문 56쪽

코칭 Tip 이 글은 약을 올바르게 먹는 방법을 설명하는 글입니다. 약을 먹을 때 꼭 지켜야 하는 세 가지 내용을 파악하며 글을 읽을 수 있도록 합니다.

◆ 몸이 아프면 무엇을 먹어야 하는지 해당하는 낱말에 색칠해요.

◆ 약을 올바르게 먹는 방법 세 가지에 각각 밑줄을 그어요.

1 우리는 몸이 아프면 약(중심 소재)을 먹어요. 그런데 약은 올바른 방법으로 먹어야 효과가 있어요. 어떻게 하면 약을 올바르게 먹을 수 있을까요? 첫 번째, 약을 먹기 전에는 사용 기한을 잘 살펴봐야 해요.(약을 올바르게 먹는 방법 ①) 음식에도 유통 기한이 있듯이, 약에도 사용 기한이 있어요. 사용 기한이 지나면 약의 효과가 떨어져요.(사용 기한이 지난 약을 먹지 말아야 하는 이유 ①) 물약은 상하기도 하지요.(사용 기한이 지난 약을 먹지 말아야 하는 이유 ②) 따라서 약을 먹기 전에 반드시 사용 기한을 확인해야 해요. 그리고 사용 기한이 지난 약은 우리 몸에 해로울 수 있으므로(사용 기한이 지난 약을 먹지 말아야 하는 이유 ③) 먹으면 안 돼요.

▶ 약을 올바르게 먹는 방법 ①: 사용 기한 확인하기

2 두 번째, 약을 먹는 시간을 확인해야 해요.(약을 올바르게 먹는 방법 ②) 독한 약을 빈속에 먹으면 속이 아파서 대부분의 약은 밥을 먹은 뒤에 먹어요. 먹은 음식들이 위를 보호하기 때문이지요.(약을 주로 밥을 먹은 뒤에 먹는 이유) 하지만 모든 약을 꼭 밥을 먹고 나서 먹어야 하는 건 아니에요. 위장약 중에는 밥을 먹기 전에 먹어야 효과가 더 좋은 것도 많아요. 한편 멀미약은 밥 먹는 시간과 상관없이 차를 타기 1시간 전에 먹어야 효과가 좋아요. 이렇게 약은 종류별로 먹는 시간이 다르답니다.

▶ 약을 올바르게 먹는 방법 ②: 약을 먹는 시간 확인하기

3 세 번째, 약은 물과 함께 먹어야 해요.(약을 올바르게 먹는 방법 ③) 약을 우유나 주스 등의 음료와 함께 먹으면 약의 효과가 떨어지거나, 오히려 필요 이상으로 높아질 수 있어요.(약을 물과 함께 먹어야 하는 이유) 특히 감기약은 커피, 녹차, 코코아와 함께 먹으면 안 됩니다. 속이 울렁거리거나 어지러울 수 있거든요.

▶ 약을 올바르게 먹는 방법 ③: 물과 함께 먹기

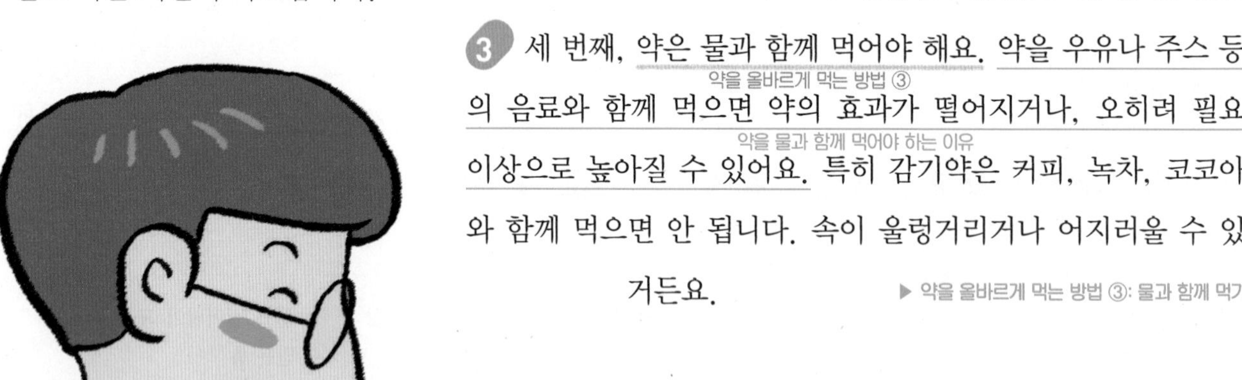

맞힌 개수 [ ] 개
틀린 개수 [ ] 개

글을 이해해요

본문 57쪽

자기 평가

01 (중심 낱말 찾기)
물 / ㉮약 / 감기 / 음식 / 주스

02 (내용 이해)
1 ✕ 2 ✕ 3 ○

03 (내용 이해)
가영

04 (중심 내용 쓰기)
약을 올바르게 먹기 위해서는 [사용 기한]과 약을 먹어야 하는 [시간]을 확인해야 한다. 그리고 약은 [물]과 함께 먹어야 한다.

02 1 3문단에서는 약을 올바르게 먹는 방법에 대해 설명하고 있어요. 약을 먹을 때는 물과 함께 먹어야 해요.
2 2문단에서 모든 약을 꼭 밥을 먹고 나서 먹어야 하는 건 아니라고 했어요. 위장약이나 멀미약과 같이 약의 종류별로 먹는 시간이 다르다고 했어요.
3 2문단에서 약은 사용 기한이 지나면 효과가 떨어진다고 했어요.

03 2문단에서 멀미약은 밥 먹는 시간과 상관없이 차를 타기 한 시간 전에 먹어야 효과가 좋고, 독한 약을 빈속에 먹으면 속이 아프다고 했어요. 1문단에서는 사용 기한이 지난 오래된 약을 먹으면 몸에 해로울 수 있다고 했어요. 따라서 약을 바르게 먹은 사람은 가영이에요.

04 이 글은 약을 올바르게 먹는 세 가지 방법에 대해 설명하고 있어요. 약을 먹을 때에는 사용 기한 및 약을 먹어야 하는 시간을 확인한 후, 물과 함께 먹어 야 해요.

어휘를 익혀요

본문 58~59쪽

01 1 ㄹ 2 ㄴ 3 ㄱ 4 ㄷ 5 ㅁ

02 1 해롭 2 기한 3 효과

03
1 나쁜 영향을 주거나 해가 되는 점이 있다. — 이롭다 / 해롭다 ✓
2 음식이 변하거나 썩어서 먹을 수 없게 되다. — 끓다 / 상하다 ✓
3 맛이나 냄새의 정도가 지나치게 심하고 자극적이다. — 독하다 ✓ / 순하다
4 몸을 제대로 가눌 수 없이 정신이 흐리고 얼떨떨하다. — 분명하다 / 어지럽다 ✓
5 어떤 목적을 지닌 행위에 의하여 드러나는 보람이나 좋은 결과 — 자랑 / 효과 ✓

12 가을엔 왜 단풍이 들까

본문 60쪽

코칭 Tip 이 글은 가을에 나뭇잎의 색이 변하는 이유에 대해 설명하는 글입니다. 가을에 단풍이 드는 이유와 그 과정을 이해하며 글을 읽을 수 있도록 합니다.

- ◆ 가을에 나뭇잎의 색이 변하는 것을 뜻하는 낱말에 색칠해요.
- ◆ 가을이 되면 나뭇잎의 색이 변하는 이유에 밑줄을 그어요.

1 가을이 되어 나뭇잎의 색이 변하는 것을 '단풍'(중심 소재)이라고 합니다. 그리고 이렇게 단풍이 든 나뭇잎을 '단풍잎'이라고 부릅니다. 그런데 왜 가을이 되면 나뭇잎의 색이 변하는 것일까요? 그것은 나뭇잎에 들어 있는 엽록소의 양이 줄어들기 때문(가을이 되면 나뭇잎의 색이 변하는 이유)입니다. '엽록소'란 나뭇잎에 들어 있는 초록색 색소(엽록소의 개념)입니다. 봄과 여름에는 나뭇잎에 엽록소가 많이 들어 있어서 나뭇잎이 초록색을 띠는 것입니다. 그러나 가을이 되면 나뭇잎에 있는 엽록소가 적어지면서(↓ 계절에 따른 엽록소 양의 변화) 나뭇잎에 있던 빨간색 색소나 노란색 색소가 두드러져 보이게 됩니다. 그래서 나뭇잎의 색이 변하는 것이죠. ▶ 가을에 단풍이 드는 이유

2 그렇다면 가을에 나뭇잎 속 엽록소의 양이 줄어드는 이유는 무엇일까요? 나무가 물과 영양분이 부족한 겨울에 살아남으려면 나뭇잎은 버리고 줄기를 살려야 합니다(줄기가 식물의 성장에 더 중요한 역할을 하기 때문). 그래서 나무는 기온이 내려가는 가을이 되면 줄기를 살리기 위해 나뭇잎으로 물과 영양분을 보내지 않습니다(가을에 나뭇잎 속 엽록소의 양이 줄어드는 이유). 영양분을 받지 못한 나뭇잎에서는 엽록소가 생기지 않고, 남아 있던 엽록소도 점점 사라집니다. 초록색을 띠던 나뭇잎에 단풍이 드는 것은 추운 겨울을 견디기 위한 나무의 준비(가을에 단풍이 드는 현상을 비유함)인 셈입니다. ▶ 가을에 나뭇잎 속 엽록소의 양이 줄어드는 이유

맞힌 개수 개
틀린 개수 개

글을 이해해요

본문 61쪽

01 (중심 낱말 찾기)
가을 단풍 줄기 영양분

02 (내용 이해)
1 ○ 2 ○ 3 ×

03 (내용 이해)
③

04 (중심 내용 쓰기)
가을이 되면 나뭇잎에 있는 엽록소의 양이 줄어들기 때문에 단풍이 든다.

자기 평가

02 1 1문단에서 봄과 여름에는 나뭇잎에 엽록소가 많이 들어 있지만, 가을이 되면 엽록소가 적어진다고 했어요. 따라서 계절에 따라 엽록소의 양이 다르다는 것을 알 수 있어요.
2 1문단에서 엽록소란 나뭇잎에 들어 있는 초록색 색소라고 했어요.
3 2문단에서 영양분을 받지 못한 나뭇잎에서는 엽록소가 생기지 않는다고 했어요.

03 2문단에서 나무는 영양분이 부족한 가을이 되면 줄기를 살리기 위해 나뭇잎에 물과 영양분을 보내지 않는다고 했어요. 영양분을 받지 못한 나뭇잎에는 엽록소가 생기지 않고, 남아 있던 엽록소도 줄어들면서 단풍이 들어요.

04 이 글은 가을에 단풍이 드는 이유에 대해 설명하고 있어요. 가을이 되어 기온이 내려가면 나뭇잎 속 엽록소의 양이 줄어들어 단풍이 들어요.

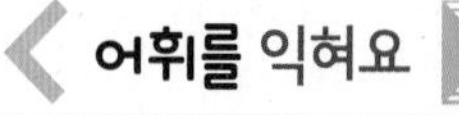

어휘를 익혀요

본문 62~63쪽

01 1 ㅁ 2 ㄷ 3 ㄹ 4 ㄴ 5 ㄱ

02 1 색소 2 영양분 3 부족

03

13 가짜 꽃과 진짜 꽃

본문 64쪽

코칭 Tip 이 글은 가짜 꽃과 진짜 꽃이 있는 식물에 대해 설명하는 글입니다. 식물이 가짜 꽃을 피우는 이유를 이해하며 글을 읽을 수 있도록 합니다.

◆ 가짜 꽃과 진짜 꽃이 있는 식물 두 가지를 찾아 각각 색칠해요.
◆ 산수국과 삼백초가 가짜 꽃을 피우는 이유에 밑줄을 그어요.

▲ 산수국

▲ 삼백초

1 식물 중에는 가짜 꽃과 진짜 꽃을 가지고 있는 것들이 있어요. 산수국과 삼백초가 바로 여기에 속합니다. 왼쪽 첫 번째 사진에서 산수국의 진짜 꽃을 찾아볼까요? 만약 쟁반같이 크고 넓은 잎을 보고 꽃이라고 생각했다면, 산수국의 속임수에 딱 걸린 거예요. 진짜 꽃이라고 착각하기 쉬운 넓은 잎은 사실 산수국의 가짜 꽃이랍니다. 가짜 꽃이 둘러싸고 있는 아주 작은 꽃이 산수국의 진짜 꽃이에요.

(중심 소재: 산수국, 삼백초 / 진짜 꽃과 가짜 꽃이 있는 식물 ①: 산수국 / 산수국의 진짜 꽃)

▶ 진짜 꽃과 가짜 꽃이 있는 식물 ①: 산수국

2 왼쪽 두 번째 사진 속 식물은 삼백초라고 합니다. 어디까지가 삼백초의 꽃일까요? 바로 얇고 길쭉하게 뻗어 나 있는 꽃대에 이삭 모양으로 뭉쳐 핀 작은 꽃이 삼백초의 진짜 꽃입니다. 꽃잎 같았던 넓은 부분은 사실 꽃이 필 무렵에 윗부분에 있는 잎들만 하얗게 변한 것이에요. 이 하얀 잎은 나중에 다시 초록색으로 돌아간다고 해요.

(진짜 꽃과 가짜 꽃이 있는 식물 ② / 삼백초의 진짜 꽃)

▶ 진짜 꽃과 가짜 꽃이 있는 식물 ②: 삼백초

3 그렇다면 산수국과 삼백초는 왜 가짜 꽃을 피울까요? 그건 바로 곤충이 꽃을 발견하기 쉽도록 하기 위해서입니다. 꽃이 씨앗을 만들려면 곤충이 꽃가루를 옮겨 줘야 하는데, 산수국과 삼백초의 진짜 꽃은 너무 작아서 곤충이 발견하기 어렵습니다. 그래서 화려한 가짜 꽃을 만들어서 곤충을 유인하는 것이죠.

(산수국과 삼백초가 가짜 꽃을 피우는 이유)

▶ 산수국과 삼백초가 가짜 꽃을 피우는 이유

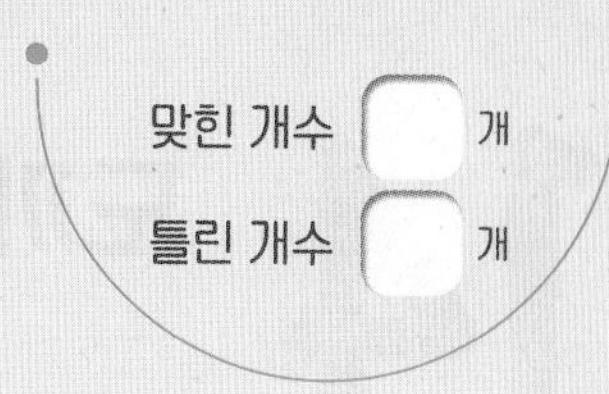

글을 이해해요

자기 평가

본문 65쪽

01 (중심 낱말 찾기)
곤충 씨앗 (산수국) (삼백초)

02 (내용 이해)
1 × 2 ○ 3 ○

03 (내용 이해)
1 꽃가루 2 진짜 꽃

04 (중심 내용 쓰기)
산수국과 삼백초는 곤충이 꽃을 발견하기 쉽도록 가짜 꽃을 피운다.

02 1 1문단에서 쟁반같이 크고 넓은 잎은 산수국의 가짜 꽃이라고 했어요.
2 2문단에서 삼백초의 꽃잎 같았던 넓은 부분의 하얀 잎은 나중에 다시 초록색으로 돌아간다고 했어요.
3 1문단에서 식물 중에는 가짜 꽃과 진짜 꽃을 가지고 있는 것들이 있는데, 산수국과 삼백초가 여기에 속한다고 했어요.

03 1 3문단에서 꽃이 씨앗을 만들려면 곤충이 꽃가루를 옮겨 줘야 한다고 했어요.
2 3문단에서 산수국과 삼백초의 진짜 꽃은 크기가 너무 작아서 곤충이 발견하기 어렵기 때문에 화려한 가짜 꽃을 피운다고 했어요.

04 이 글은 가짜 꽃을 피우는 식물인 산수국과 삼백초에 대해 설명하고 있어요. 산수국과 삼백초는 화려한 가짜 꽃을 피워서 곤충을 유인해요.

어휘를 익혀요

본문 66~67쪽

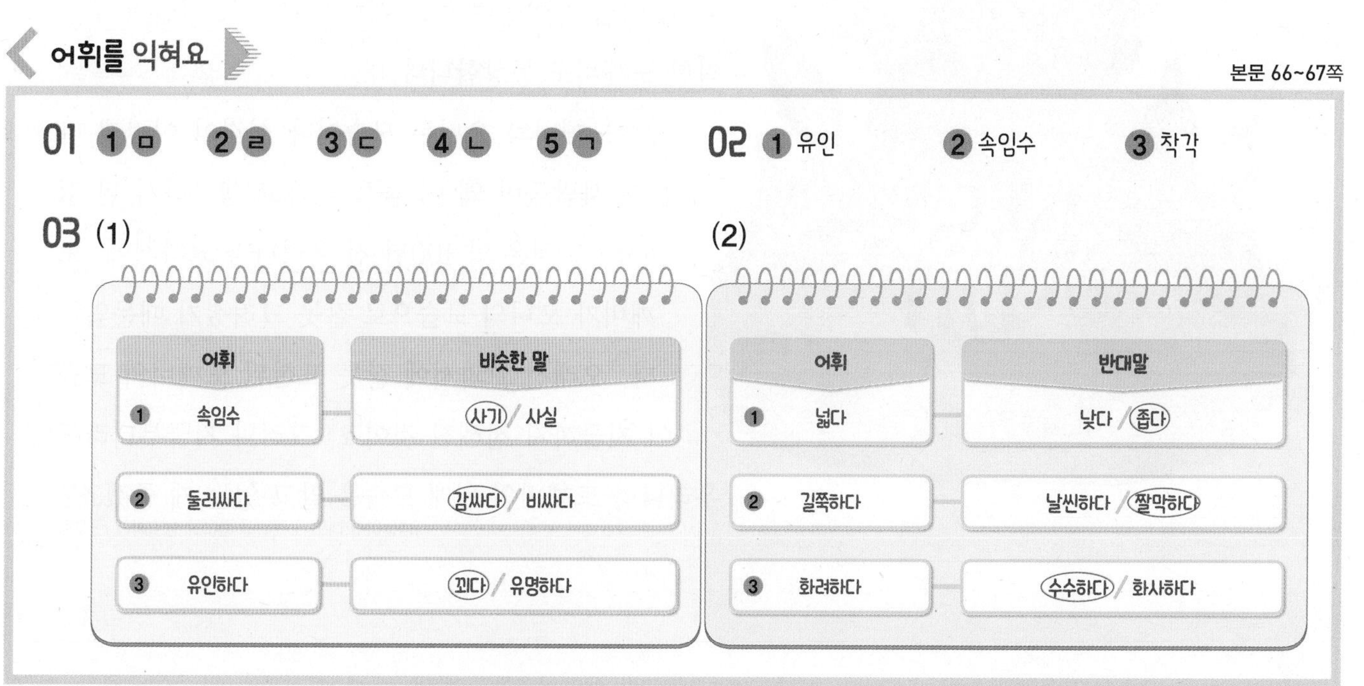

01 1 ㅁ 2 ㄹ 3 ㄷ 4 ㄴ 5 ㄱ

02 1 유인 2 속임수 3 착각

03 (1)

어휘	비슷한 말
1 속임수	(사기) / 사실
2 둘러싸다	(감싸다) / 비싸다
3 유인하다	(꾀다) / 유명하다

(2)

어휘	반대말
1 넓다	낮다 / (좁다)
2 길쭉하다	날씬하다 / (짤막하다)
3 화려하다	(수수하다) / 화사하다

14 도깨비가 아니라니

본문 68쪽

코칭 Tip 이 글은 일본 귀신인 오니와 우리나라 귀신인 도깨비에 대해 설명하는 글입니다. 도깨비와 오니의 차이점을 파악하며 글을 읽을 수 있도록 합니다.

- ◆ 우리나라와 일본의 귀신을 찾아 각각 색칠해요.
- ◆ 사람들이 도깨비와 오니를 같다고 생각하게 된 이유에 밑줄을 그어요.

1 아래 그림은 무엇일까요? 우리나라의 옛날이야기에 나오는 '도깨비'라고 대답하는 사람들이 많
중심 소재
을 것입니다. 하지만 이 그림은 일본의 요괴인 '오니'입니다. 일본의 오니는 머리에 뿔이 달려 있고 송
중심 소재 오니의 모습 ①
곳니가 날카로우며, 피부가 붉거나 파랗습니다. 또 호랑이 가죽옷을 입고 못이 박힌 쇠몽둥이를 들고
오니의 모습 ②
다닙니다. 그러나 우리나라의 도깨비는 정해진 모습이 없습니다. 다리가 하나인 도깨비도 있고, 덩치
도깨비의 모습 ①
가 크고 털이 많은 남자 어른의 모습을 한 도깨비도 있습니다. 심지어 투명한 도깨비, 데굴데굴 굴러
도깨비의 모습 ② 도깨비의 모습 ③
다니는 달걀 도깨비, 빗자루 도깨비도 있답니다.

▶ 오니와 도깨비의 모습

2 오니와 도깨비는 생김새뿐만 아니라 성격도 다릅니다. 오니는 지옥의 죽은 사람들에게 벌을 내리는 요괴로, 싸움을 좋아하고 잔인한 성격입니다. 하지만 도
오니의 성격
깨비는 장난을 좋아하고 노래와 춤을 즐깁니다. 우리
도깨비의 성격
나라의 옛날이야기에는 사람의 꾀에 속는 순진한 도깨
도깨비의 유형 ①
비나, 사람과 어울려 놀고 사람을 부자로 만들어 주는
도깨비의 유형 ②
착한 도깨비도 등장합니다.

▶ 오니와 도깨비의 성격

3 도깨비와 오니는 모습이나 성격이 이렇게 다른데 사람들이 왜 이 둘을 같다고 생각하게 된 걸까요? 그것은 약 100년 전 우리나라 교과서에, 도
사람들이 오니와 도깨비를 같다고 생각하게 된 이유
깨비가 오니의 모습으로 잘못 그려졌기 때문입니다. 오래전 교과서에 잘못 표현된 도깨비의 모습이 지금까지 전해진 것이죠. 그러니 지금부터라도 우리나라 도깨비의 원래 모습을 알고 있는 게 좋겠죠?

▶ 사람들이 오니와 도깨비를 같다고 생각하게 된 이유

맞힌 개수 ( ) 개
틀린 개수 ( ) 개

글을 이해해요

자기 평가

본문 69쪽

01 (중심 낱말 찾기)

뿔 | (오 니) | (도 깨 비) | 쇠 몽 둥 이

02 (내용 이해)

	도깨비	오니
1 사람들에게 쉽게 속아 넘어간다.	✓	
2 지옥의 죽은 사람들에게 벌을 내린다.		✓
3 사람들과 어울려 노래를 부르고 춤을 춘다.	✓	

03 (내용 이해)

③

04 (중심 내용 쓰기)

일본의 오니와 우리나라의 [도][깨][비]는 생김새뿐만 아니라 성격도 다르다. 오니는 [싸][움]을 좋아하고 잔인한 성격이지만, 도깨비는 [장][난]을 좋아하고 노래와 춤을 즐긴다.

02 1, 3 2문단을 보면 도깨비는 사람의 꾀에 쉽게 속을 정도로 순진하고, 노래와 춤을 즐기며 사람들과 잘 어울린다고 했어요.
2 2문단을 보면 오니는 지옥의 죽은 사람들에게 벌을 내리는 요괴로, 싸움을 좋아하고 잔인한 성격이라고 했어요.

03 3문단을 보면 사람들이 도깨비와 오니를 같다고 생각하게 된 이유는 약 100년 전 우리나라 교과서에 도깨비가 오니의 모습으로 잘못 그려졌기 때문이라고 했어요.

04 이 글은 일본의 오니와 우리나라의 도깨비에 대해 설명하고 있어요. 오니와 도깨비는 옛날이야기에 나오는 귀신이지만 생김새뿐만 아니라 성격도 달라요. 오니는 싸움을 좋아하고 잔인한 성격이지만, 도깨비는 장난을 좋아하고 노래와 춤을 즐겨요.

어휘를 익혀요

본문 70~71쪽

01 1 ㄹ 2 ㄴ 3 ㅁ 4 ㄷ 5 ㄱ

02 1 투명 2 순진 3 요괴

03

1 인정이 없고 몹시 모질다. — 유인하다 / 잔인하다 ✓

2 무엇을 좋아하여 자주 하다. — 이기다 / 즐기다 ✓

3 먼지나 쓰레기를 쓸어 내는 기구 — 낫자루 / 빗자루 ✓

4 물 따위가 속까지 환히 비치도록 맑다. — 투명하다 ✓ / 흐릿하다

5 이 세상에서 나쁜 짓을 많이 한 사람이 죽으면 가게 된다는 무섭고 고통스러운 곳 — 지옥 ✓ / 천국

15 냄새 맡은 값

본문 72쪽

코칭 Tip 이 글은 부자의 억지스러운 요구를 지혜롭게 해결한 가난한 사람의 아들에 대한 이야기입니다. 가난한 사람의 아들이 부자의 억지에 어떻게 대처하는지를 파악하며 글을 읽을 수 있도록 합니다.

- ◆ 등장인물 중 냄새 맡은 값을 치른 사람은 누구인지 색칠해요.
- ◆ 아들이 고기 냄새를 맡은 값을 치른 방법에 밑줄을 그어요.

1 옛날 어느 마을에 가난한 사람(등장인물)과 부자(등장인물)가 살고 있었어요. 하루는 가난한 사람이 길을 가는데 부잣집에서 고기 굽는 냄새가 솔솔 풍겼어요. 며칠을 굶은 가난한 사람은 부잣집 담벼락에 서서 고기 굽는 냄새를 맡기 시작했어요. 그때 부자가 나와 크게 소리쳤어요.

"남의 집에서 나오는 냄새를 공짜로 맡는 법이 어디 있나?"

"아니, 냄새 맡는 것도 값을 치러야 한단 말이오?"

"저 고기는 내 돈으로 산 것이니 냄새도 내 것일세. 그러니 냄새 맡은 값을 내게. 내일까지 돈을 가져오게!"
(욕심 많고 우기기를 잘하는 성격의 부자)

▶ 가난한 사람에게 고기 냄새를 맡은 값을 내라고 한 부자

2 가난한 사람이 힘없이 집으로 오자, 그의 아들(중심인물)이 왜 그러시냐고 아버지께 물었어요. 가난한 사람이 억지를 부리던 부자와 있었던 일을 이야기해 주자 아들이 말했어요.

"아버지, 좋은 생각이 났어요. 제게 돈을 몇 냥만 빌려주세요."

이튿날 아들은 돈을 가지고 마을 사람들과 함께 부잣집으로 갔어요.

"고기 냄새를 맡은 값을 가지고 왔습니다!"

욕심 많은 부자가 얼른 나왔어요. 그런데 아들이 돈은 주지 않고 엽전 꾸러미를 아래위로 흔드는 것이 아니겠어요? 그러자 엽전 소리가 짤랑짤랑 났어요.
(아들이 고기 냄새를 맡은 값을 치른 방법)

"돈 소리 잘 들으셨지요? 이제 저는 가 보겠습니다."

"소리만 내고 어딜 가느냐? 돈을 냉큼 내놓아야지!"

"우리 아버지가 고기는 구경도 못 하고 냄새만 맡았으니, 그 값도 소리로만 드리는 것이 옳지 않겠습니까?"
(아들이 엽전 소리만 들려준 이유)

그러자 따라온 마을 사람들이 모두 웃음을 터뜨렸어요. 부끄러워진 부자는 얼굴이 빨개져서 도로 집으로 들어가 버렸답니다.

▶ 고기 냄새를 맡은 값으로 엽전 흔드는 소리를 들려준 아들

맞힌 개수 개
틀린 개수 개

글을 이해해요

자기 평가

본문 73쪽

01 (인물 찾기)

부자 / (아들) / 가난한 사람 / 마을 사람들

02 (내용 이해)

- ☑ 욕심이 많다.
- ☐ 이웃을 잘 도와준다.
- ☑ 말도 안 되는 고집을 부린다.
- ☐ 자기 일을 열심히 하고 부지런하다.

03 (내용 이해)

②

04 (중심 내용 쓰기)

가난한 사람의 아들은 고기 굽는 냄새를 맡은 값으로 부자에게 엽전 소리만을 들려주었다.

02 부자는 고기 냄새를 맡았다는 이유로 가난한 사람에게 돈을 내라고 하며 억지를 부리고 있어요. 이를 통해 부자는 욕심이 많고 말도 안 되는 고집을 부리는 성격이라는 것을 알 수 있어요.

03 아들은 고기 냄새를 맡은 값으로 부자에게 엽전을 주지 않고 엽전을 흔드는 소리만을 들려주었어요.

오답 풀이

① 아들은 부자에게 엽전을 직접 주지 않았어요.

③ 아들이 부자에게 한번만 봐 달라고 빈 행동은 이 글에 제시되어 있지 않아요.

04 이 글은 욕심쟁이 부자의 억지스러운 요구를 가난한 사람의 아들이 지혜롭게 해결한 이야기예요. 부자가 가난한 사람에게 고기 냄새를 맡은 값을 치르라고 억지를 부리자, 가난한 사람의 아들은 엽전 소리만을 들려주며 지혜롭게 문제를 해결했어요.

어휘를 익혀요

본문 74~75쪽

01 ① ㄹ ② ㄴ ③ ㄷ ④ ㅁ ⑤ ㄱ

02 ① 억지 ② 꾸러미 ③ 공짜

03

16 방귀, 참지 말자

본문 80쪽

코칭 Tip 이 글은 방귀를 참으면 안 되는 이유에 대해 설명하는 글입니다. 방귀는 무엇인지, 그리고 방귀를 참으면 몸에서 어떤 일이 일어나는지를 파악하며 글을 읽을 수 있도록 합니다.

◆ 항문으로 나오는 구린내 나는 가스를 의미하는 낱말에 색칠해요.
◆ 방귀를 참으면 몸에 어떤 변화가 생기는지 해당하는 부분에 모두 밑줄을 그어요.

1 뿡! 윽, 이게 무슨 냄새죠? 여러분이 생각한 것처럼 불쾌한 냄새의 정체는 바로 방귀(중심 소재)입니다. 방귀는 우리의 엉덩이 사이 항문으로 나오는 구린내 나는 가스(방귀의 뜻)를 말합니다. 그럼 방귀는 어떻게 만들어질까요? 방귀는 우리가 음식을 먹을 때 함께 삼킨 공기와, 장 안에서 음식물이 소화되면서 생긴 가스가 섞인 것(방귀가 만들어지는 방법)입니다. 방귀를 뀌면 소리도 나고 냄새도 나서 사람들은 창피해합니다. 그래서 부끄러운 마음에 방귀를 꾹 참기도 하지요. 그런데 방귀를 참아도 괜찮은 것일까요? ▶ 방귀의 뜻과 방귀가 만들어지는 방법

2 방귀를 참으면 몸 밖으로 나가지 못한 가스가 점점 배 속에 차게 됩니다. 그렇게 가스가 차면 대장이 부풀어 오르고(방귀를 참으면 생겨나는 몸의 변화 ①) 대장이 제대로 운동을 하지 못하게 되어 변비가 생길 수도 있습니다(방귀를 참으면 생겨나는 몸의 변화 ②). 방귀를 참아서 가스가 몸에 계속 쌓이면 우리 몸은 결국 다른 길로 가스를 내보냅니다. 예를 들어 방귀로 나가지 못한 가스는 피부를 통해 밖으로 나가기도 하는데, 그러면 가스에 있는 독소 때문에 피부에 여드름이 생길 수도 있습니다(방귀를 참으면 생겨나는 몸의 변화 ③). 또 이 독소가 폐로 가면 입에서 방귀 냄새가 나기도 합니다(방귀를 참으면 생겨나는 몸의 변화 ④). 그래도 계속 방귀를 참으면 배가 심하게 아플 수도 있습니다(방귀를 참으면 생겨나는 몸의 변화 ⑤). ▶ 방귀를 참으면 생겨나는 몸의 변화

3 건강한 남자 어른이라면 하루에 14번에서 25번 정도 방귀를 뀌는 것은 지극히 정상이라고 합니다. 그러니 더 이상 창피해하지 말고 방귀가 나오면 억지로 참지 말기로 해요. ▶ 건강한 성인이 하루에 방귀를 뀌는 횟수

맞힌 개수 [ ] 개
틀린 개수 [ ] 개

글을 이해해요

자기 평가

본문 81쪽

01 (중심 낱말 찾기)
공기 냄새 방귀 음식물

02 (내용 이해)
① 공기 ② 가스

03 (내용 이해)
① 대장 ② 여드름 ③ 배

04 (중심 내용 쓰기)
방귀를 참으면 대장에 가스가 차게 되어 변비가 생길 수 있고, 가스에 있는 독소 때문에 여드름이 생기거나 입 냄새가 날 수 있다. 그러므로 방귀를 억지로 참으면 안 된다.

02 1문단에서 방귀는 음식을 먹을 때 함께 삼킨 공기와, 장 안에서 음식물이 소화되면서 생긴 가스가 섞인 것이라고 했어요.

03 2문단에서 방귀를 참으면 배 속에 가스가 점점 차올라 대장이 부풀어 오르고, 가스에 있는 독소 때문에 피부에 여드름이 생긴다고 했어요. 또한 방귀를 계속 참으면 배가 심하게 아플 수 있다고 했어요.

04 이 글은 방귀를 참으면 안 되는 이유에 대해 설명하고 있어요. 방귀를 참게 되면 대장에 가스가 점점 차올라 변비가 생길 수 있어요. 또한 가스에 있는 독소 때문에 피부에 여드름이 생기거나 입에서 방귀 냄새가 날 수 있어요.

어휘를 익혀요

본문 82~83쪽

01 ① ㄴ ② ㄹ ③ ㄱ ④ ㅁ ⑤ ㄷ

02 ① 불쾌 ② 소화 ③ 독소

03

피	가	스	불	변
부	여	폐	쾌	비
독	방	드	배	음
소	화	기	름	식
정	상	창	피	물

① 사람이 먹고 마시는 것을 통틀어 이르는 말 — 음식물

② 해로운 요소. 생물에서 생기는 강한 독성의 물질 — 독소

③ 주로 사춘기에, 얼굴에 도톨도톨하게 나는 검붉고 작은 종기 — 여드름

④ 섭취한 음식물을 분해하여 영양분을 흡수하기 쉬운 형태로 변화시키는 일 — 소화

17 모기의 이중생활

본문 84쪽

코칭 Tip 이 글은 모기에 대해 설명하는 글입니다. 모기에 물리면 왜 가려운지, 모기가 인간에게 왜 위험한 동물인지 등을 파악하며 글을 읽을 수 있도록 합니다.

◆ 이 글에서 설명하는 동물을 찾아 색칠해요.
◆ 모기에 물린 사람들이 죽는 이유를 찾아 밑줄을 그어요.

1 잠 못 자게 하는 귀찮은 모기

(중심 소재)

피를 빠는 모기는 알을 낳으려는 암컷입니다. 모기가 빨아들인 피(암컷 모기가 먹는 것)는 알을 키우는 영양분이 됩니다. 알을 밴 암컷 모기는 피를 빨기 위(암컷 모기가 먹는 피의 역할)해 여섯 개의 침을 이용합니다. 알을 낳지 않는 수컷 모기는 꽃의 꿀이나 과일의 즙을 마십니다.(수컷 모기가 먹는 것) 모기는 피를 빨면서 피가 굳지 않도록 '히루딘'이라는 물질을 우리 몸에 집어넣습니다. 그래서 모기에게 물린 자리가 붓고 가려운 것입니다.(히루딘이라는 물질 때문) 앵앵거리는 소리와 가려움으로 우리를 잠 못 들게 하는 모기, 참 귀찮은 존재입니다.

▶ 피를 빨아 먹는 암컷 모기

2 사람을 죽이는 위험한 동물, 모기

귀찮게만 느껴졌던 모기는 사실 사람을 죽이는 무시무시한 동물입니다. 모기가 피를 빨면서 병의 원인이 되는 바이러스나 세균을 같이 옮기기 때문입니다.(모기에 물린 사람들이 죽는 이유) 그 결과 매년 70만 명 이상이 모기가 옮기는 병으로 죽습니다. 1년에 뱀에 물려 죽는 사람이 5만 명, 악어에 물려 죽는 사람이 1,000명, 사자에 물려 죽는 사람이 250명 정도라고 합니다. 이 숫자만 봐도 모기가 정말 위험한 동물이라는 것을 알 수 있습니다.

▶ 위험한 동물인 모기

5만 명

1,000명

250명

그러나 모기는…

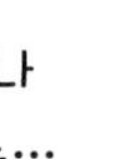
70만 명

맞힌 개수 ( ) 개
틀린 개수 ( ) 개

글을 이해해요

✓ 자기 평가

본문 85쪽

01 (중심 낱말 찾기)
밤 / (모기) / 사자 / 악어

02 (내용 이해)
1 × 2 × 3 ○

03 (내용 이해)
③

04 (중심 내용 쓰기)
암컷 모기는 피를 빨 때 바이러스나 세균을 우리 몸에 같이 옮긴다. 그 결과 매년 70만 명 이상의 사람들이 모기가 옮긴 병으로 죽는다.

02 1 1문단에서 알을 낳지 않는 수컷 모기는 꽃의 꿀이나 과일의 즙을 마신다고 했어요.
2 1문단을 보면 암컷 모기가 빨아들인 피는 알을 키우는 영양분이 된다고 했어요.
3 1문단에서 모기는 피를 빨면서 피가 굳지 않도록 히루딘이라는 물질을 우리 몸에 집어넣는데, 이 물질 때문에 모기에 물린 자리가 가렵다고 했어요.

03 2문단을 보면 모기가 피를 빨면서 병의 원인이 되는 바이러스나 세균을 같이 옮기기 때문에 매년 70만 명 이상의 사람들이 모기가 옮기는 병으로 죽는다고 했어요.

04 이 글은 피를 빠는 암컷 모기에 대해 설명하고 있어요. 암컷 모기가 피를 빨 때 바이러스나 세균이 우리 몸에 들어오게 되는데, 이 때문에 모기에 물린 사람들이 많이 죽게 돼요.

어휘를 익혀요

본문 86~87쪽

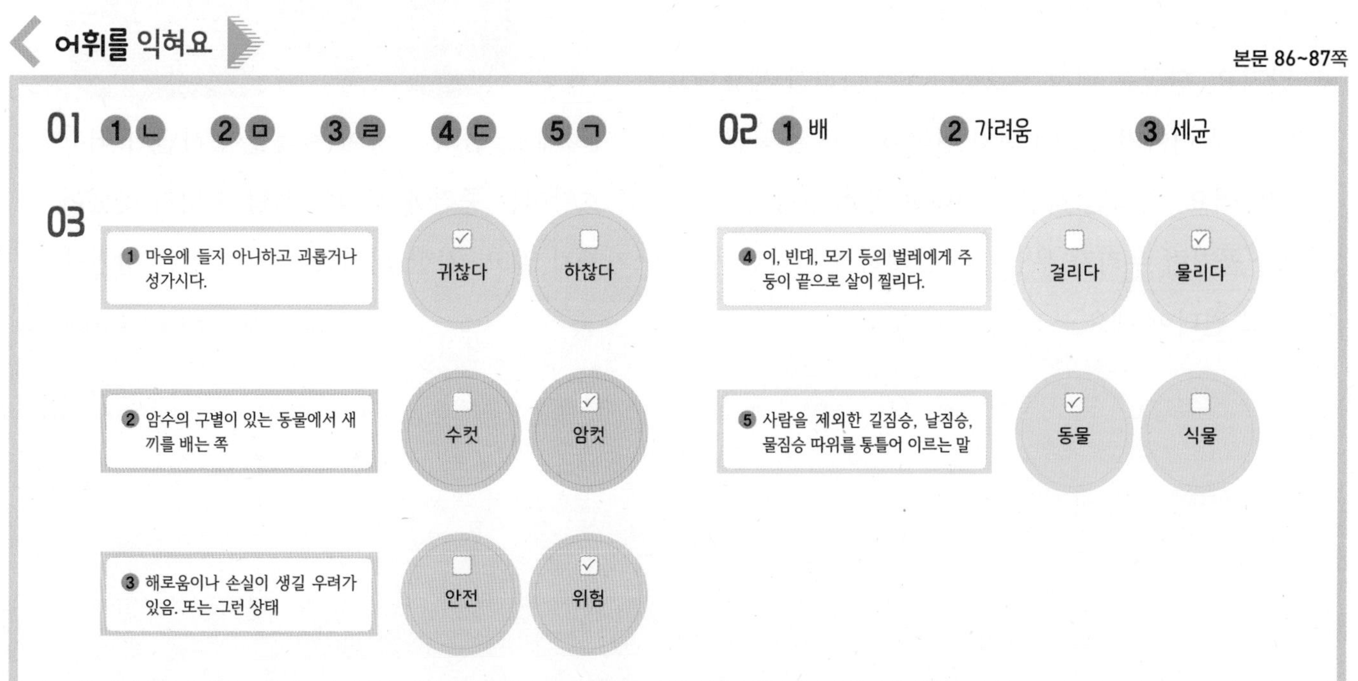

01 1 ㄴ 2 ㅁ 3 ㄹ 4 ㄷ 5 ㄱ

02 1 배 2 가려움 3 세균

03
1 마음에 들지 아니하고 괴롭거나 성가시다. — 귀찮다 ✓ / 하찮다
2 암수의 구별이 있는 동물에서 새끼를 배는 쪽 — 수컷 / 암컷 ✓
3 해로움이나 손실이 생길 우려가 있음. 또는 그런 상태 — 안전 / 위험 ✓
4 이, 빈대, 모기 등의 벌레에게 주둥이 끝으로 살이 찔리다. — 걸리다 / 물리다 ✓
5 사람을 제외한 길짐승, 날짐승, 물짐승 따위를 통틀어 이르는 말 — 동물 ✓ / 식물

18 단군 신화로부터 얻은 교훈

본문 88쪽

코칭 Tip 이 글은 단군 신화를 통해 얻을 수 있는 교훈에 대해 설명하는 글입니다. 단군 신화에서 얻은 교훈을 우리 삶에 적용하며 글을 읽을 수 있도록 합니다.

- ◆ 이 글에서 사람이 된 동물을 찾아 색칠해요.
- ◆ 단군 신화 속 곰의 모습을 통해 배울 수 있는 교훈은 무엇인지 밑줄을 그어요.

1 하늘을 다스리는 신의 아들인 환웅은 인간 세상을 사랑했어요. 그는 인간 세상을 편안하게 해 주려고 하늘 세상의 사람들을 이끌고 인간 세상으로 내려왔어요. 어느 날 곰(중심 소재)과 호랑이가 환웅에게 찾아와 제발 사람(곰과 호랑이가 되고 싶은 것)이 되게 해 달라고 빌었어요. 그러자 환웅은 곰과 호랑이에게 어두운 동굴에서 백 일 동안 쑥과 마늘만 먹어야 한다고 했어요.(환웅이 알려 준 사람이 되는 방법) 사람이 되고 싶었던 곰과 호랑이는 쑥과 마늘을 가지고 햇빛이 비치지 않는 동굴로 들어갔어요.

▶ 단군 신화 이야기 ①: 사람이 되고 싶은 곰과 호랑이

2 하지만 시간이 지나면서 곰과 호랑이는 동굴에서의 생활을 견디기가 점점 힘들어졌어요. 며칠 뒤 호랑이는 더 이상 이 시련을 참지 못하고 동굴 밖으로 뛰쳐나가고 말았어요.(사람이 되지 못한 호랑이) 반면에 곰은 끝까지 참고 견디었어요. 100일째 되는 날, 곰은 마침내 그토록 원했던 여자로 다시 태어나게 되었어요.(사람이 된 곰) 곰은 웅녀라는 이름을 갖게 되었고, 환웅과 결혼해 단군이라는 아들을 낳았지요. 단군은 커서 고조선이라는 나라를 세웠어요.

▶ 단군 신화 이야기 ②: 사람이 된 곰

3 이 이야기는 고조선의 건국과 관련된 단군 신화 이야기예요. 곰과 호랑이는 똑같이 사람이 되고 싶었어요. 하지만 시련을 인내한 곰은 사람이 되었지만, 호랑이는 중간에 포기해 사람이 되지 못했어요. 곰처럼 우리가 무언가를 간절히 원한다면 쉽게 포기하지 말고, 강한 의지와 끈기로 힘든 상황을 참고 견뎌야 해요.(단군 신화 속 곰의 모습을 통해 배울 수 있는 교훈)

▶ 단군 신화를 통해 배울 수 있는 교훈

글을 이해해요

본문 89쪽

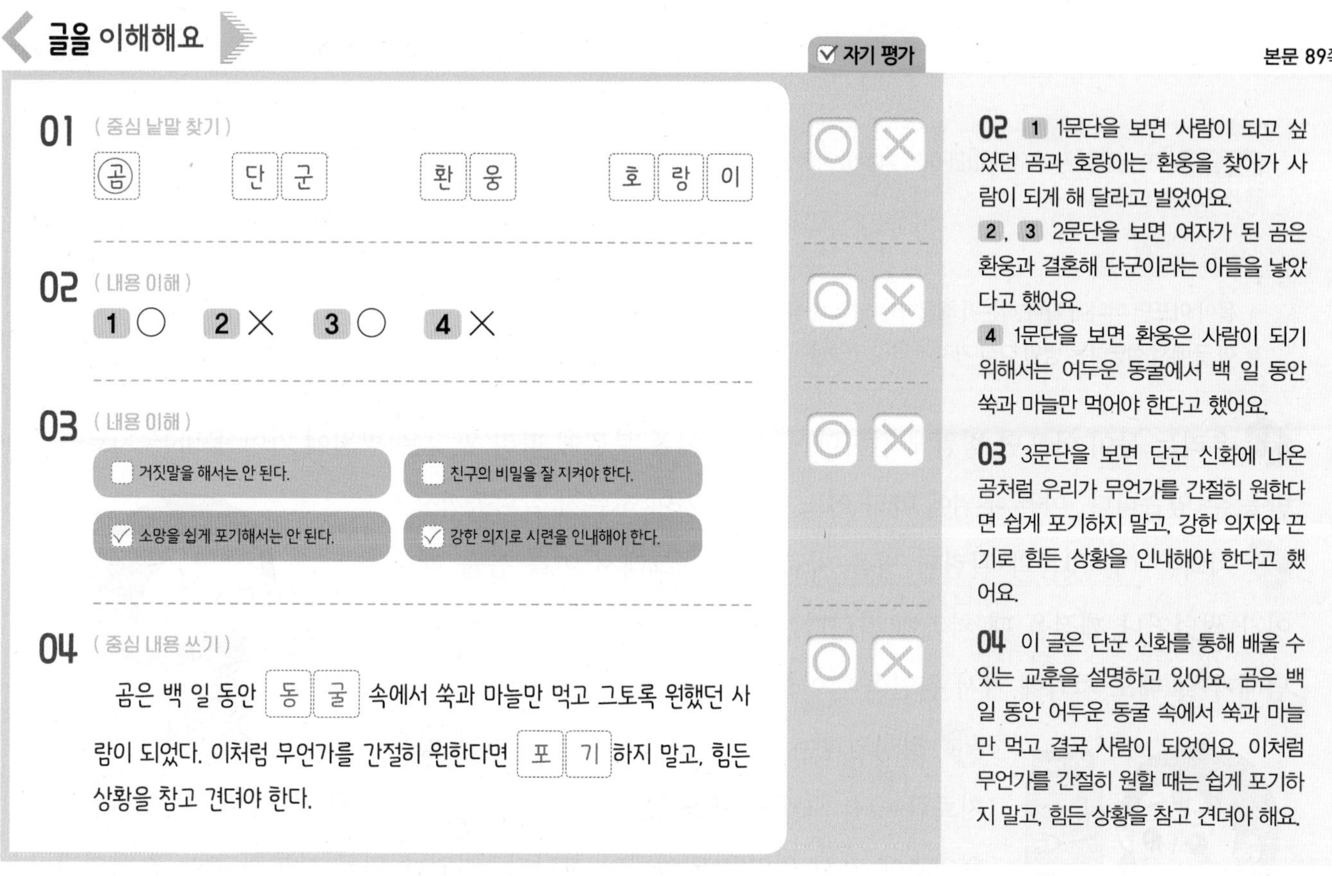

01 (중심 낱말 찾기)
곰 / 단군 / 환웅 / 호랑이

02 (내용 이해)
1 ○ 2 × 3 ○ 4 ×

03 (내용 이해)
- [ ] 거짓말을 해서는 안 된다.
- [ ] 친구의 비밀을 잘 지켜야 한다.
- [x] 소망을 쉽게 포기해서는 안 된다.
- [x] 강한 의지로 시련을 인내해야 한다.

04 (중심 내용 쓰기)
곰은 백 일 동안 동굴 속에서 쑥과 마늘만 먹고 그토록 원했던 사람이 되었다. 이처럼 무언가를 간절히 원한다면 포기하지 말고, 힘든 상황을 참고 견뎌야 한다.

자기 평가 ○ ×

02 1 1문단을 보면 사람이 되고 싶었던 곰과 호랑이는 환웅을 찾아가 사람이 되게 해 달라고 빌었어요.
2, 3 2문단을 보면 여자가 된 곰은 환웅과 결혼해 단군이라는 아들을 낳았다고 했어요.
4 1문단을 보면 환웅은 사람이 되기 위해서는 어두운 동굴에서 백 일 동안 쑥과 마늘만 먹어야 한다고 했어요.

03 3문단을 보면 단군 신화에 나온 곰처럼 우리가 무언가를 간절히 원한다면 쉽게 포기하지 말고, 강한 의지와 끈기로 힘든 상황을 인내해야 한다고 했어요.

04 이 글은 단군 신화를 통해 배울 수 있는 교훈을 설명하고 있어요. 곰은 백 일 동안 어두운 동굴 속에서 쑥과 마늘만 먹고 결국 사람이 되었어요. 이처럼 무언가를 간절히 원할 때는 쉽게 포기하지 말고, 힘든 상황을 참고 견뎌야 해요.

어휘를 익혀요

본문 90~91쪽

01 1 ㄴ 2 ㅁ 3 ㄷ 4 ㄱ 5 ㄹ

02 1 인내 2 건국 3 간절히

03

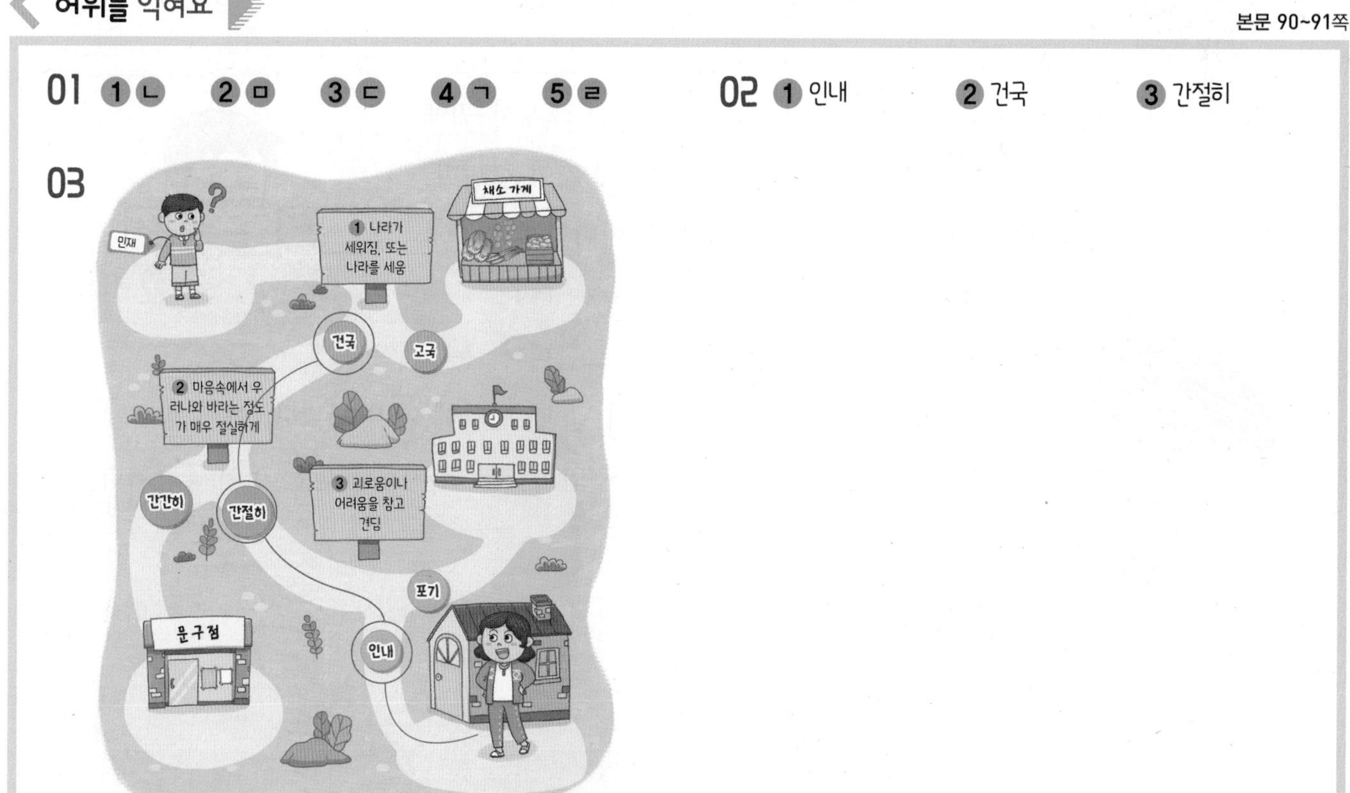

19 어디가 아파요?

본문 92쪽

코칭 Tip 이 글은 아픈 부위에 따라 어떤 병원에 가야 하는지를 설명하는 글입니다. 각 병원의 역할과 진료 범위에 대해 파악하며 글을 읽을 수 있도록 합니다.

◆ 몸이 아프면 어디에 가야 하는지 해당하는 낱말에 색칠해요.

◆ 이 글에서 설명하는 병원 다섯 가지에 각각 밑줄을 그어요.

1 우리는 몸이 아프면 병원에 갑니다. 하지만 아픈 부위에 따라 알맞은 병원에 가야 올바른 치료를
중심 소재
받을 수 있습니다. 아픈 부위에 따라 어느 병원에 가야 하는지 살펴볼까요?
▶ 아픈 부위에 알맞은 병원 찾기

2 치과는 이, 잇몸과 관련된 병을 치료합니다. 그래서 이를 뽑을 때나
병원 ① 치과의 역할
이가 썩었거나 깨졌을 때 치과에 갑니다. 그리고 잇몸이 시리거나 입에서
치과에 가서 진료를 받아야 할 경우 ① 치과에 가서 진료를 받아야 할 경우 ②
냄새가 날 때도 치과에 가서 원인을 알아보는 것이 좋습니다.
▶ 치과에서 진료하는 병

3 정형외과는 뼈나 관절, 근육과 관련된 병을
병원 ② 정형외과의 역할
치료합니다. 그래서 어깨, 팔꿈치, 손목, 손가락, 무릎, 다리 등이 아프면 정
정형외과에서 진료하는 범위
형외과에 가서 원인을 알아봐야 합니다. 머리나 얼굴 부분의 뼈는 정형외과
성형외과에서 진료하는 범위
가 아니라 성형외과에서 치료를 하니 이곳이 다쳤을 경우는 성형외과에 가
병원 ③
야 합니다.
▶ 정형외과와 성형외과에서 진료하는 병

4 이비인후과는 귀, 코, 목과 관련된 병을 치료합니다. 그래서 귀에
병원 ④ 이비인후과의 역할
물이 들어가서 아프거나, 귀 안이 가려우면 이비인후과에 가야 합니다.
이비인후과에 가서 진료를 받아야 할 경우 ①
비염이나 코감기 때문에 코가 막히고 콧물이 날 때도 이비인후과에 가
이비인후과에 가서 진료를 받아야 할 경우 ②
서 치료를 받는 것이 좋습니다.
▶ 이비인후과에서 진료하는 병

5 안과는 눈과 관련된 병을 치료합니다. 눈이
병원 ⑤ 안과의 역할
부시거나 붉어질 때, 혹은 눈물이 날 때 안과에 가야 합니다. 눈이 심하게 가
안과에 가서 진료를 받아야 할 경우 ①
렵거나 눈에 다래끼가 나면 이때도 안과에 가서 치료를 받는 것이 좋습니다.
안과에 가서 진료를 받아야 할 경우 ②
▶ 안과에서 진료하는 병

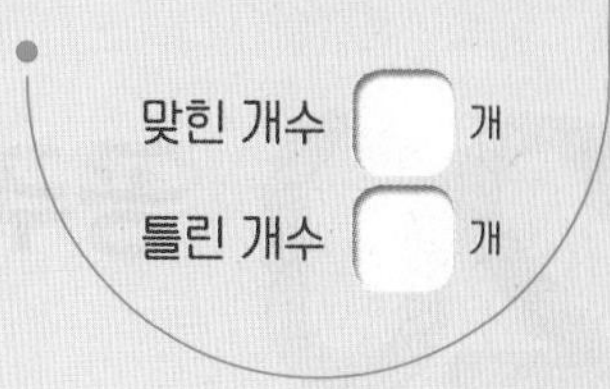

글을 이해해요

자기 평가

본문 93쪽

01 (중심 낱말 찾기)
관절 근육 병원 잇몸

02 (내용 이해)
1 ○ 2 × 3 ○

03 (내용 이해)
1 이비인후과 2 정형외과

04 (중심 내용 쓰기)
치과는 이와 잇몸과 관련된 병을, 정형외과는 뼈나 관절, 근육과 관련된 병을, 성형외과는 머리나 얼굴 부분의 뼈를 치료한다. 이비인후과는 귀, 코, 목과 관련된 병을, 안과는 눈과 관련된 병을 치료한다. 따라서 아픈 부위에 알맞은 병원에 가서 치료를 받아야 한다.

02 1 2문단을 보면 치과는 이나 잇몸과 관련된 병을 치료하는 곳이라고 했어요.
2 3문단을 보면 다리나 무릎의 뼈가 다쳤을 경우 정형외과에 가야 한다고 했어요. 성형외과는 머리나 얼굴 부분의 뼈를 치료하는 곳이에요.
3 5문단을 보면 눈이 심하게 가렵거나 눈에 다래끼가 나면 안과에 가야 한다고 했어요.

03 1 4문단에서 이비인후과는 귀, 코, 목과 관련된 병을 치료하는 곳이라고 했어요.
2 3문단에서 정형외과는 뼈나 관절, 근육과 관련된 병을 치료하는 곳이라고 했어요.

04 이 글은 아픈 부위에 따라 가야 하는 병원에 대해 설명하고 있어요. 치과는 이와 잇몸과 관련된 병을, 정형외과는 뼈나 관절, 근육과 관련된 병을, 성형외과는 머리나 얼굴 부분의 뼈를 치료하는 곳이에요. 그리고 이비인후과는 귀, 코, 목과 관련된 병을, 안과는 눈과 관련된 병을 치료하는 곳이에요.

어휘를 익혀요

본문 94~95쪽

01 1 ㄹ 2 ㅁ 3 ㄷ 4 ㄴ 5 ㄱ

02 1 부위 2 치료 3 썩

03

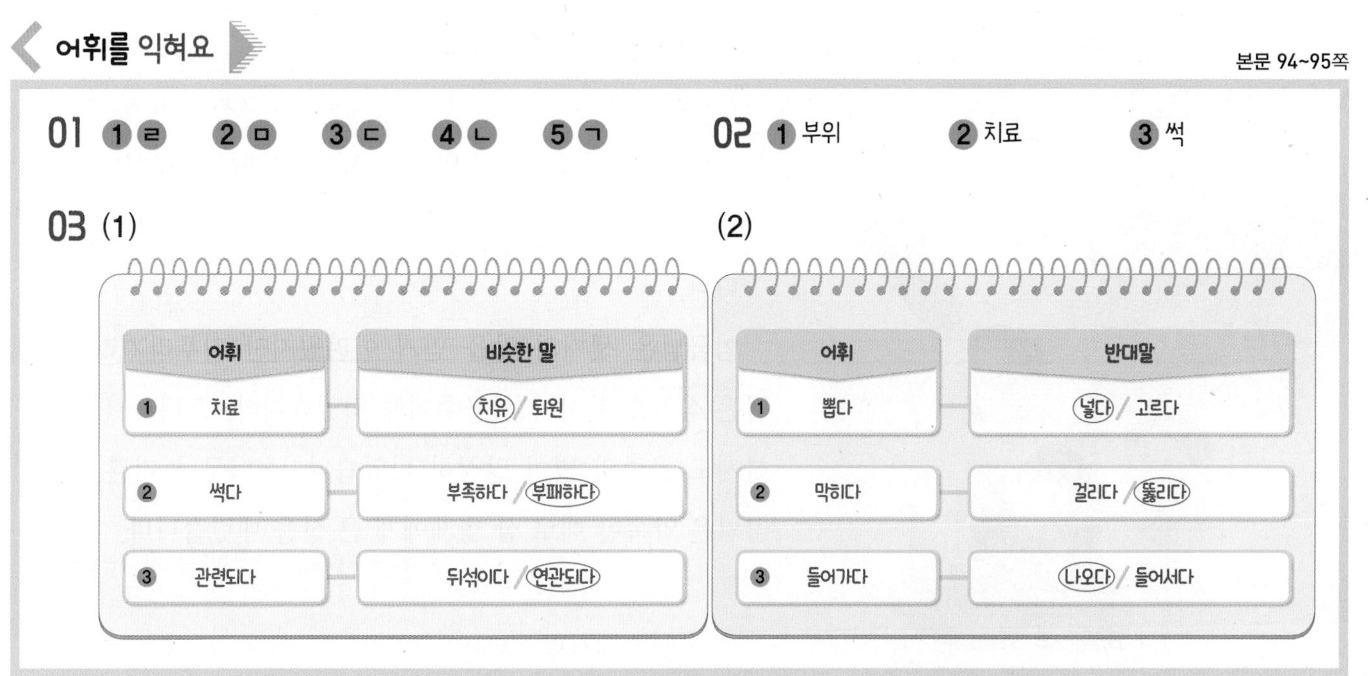

(1)

어휘	비슷한 말
1 치료	(치유) / 퇴원
2 썩다	부족하다 / (부패하다)
3 관련되다	뒤섞이다 / (연관되다)

(2)

어휘	반대말
1 뽑다	(넣다) / 고르다
2 막히다	걸리다 / (뚫리다)
3 들어가다	(나오다) / 들어서다

공주를 구한 삼 형제

본문 96쪽

코칭 Tip 이 글은 힘을 합쳐 아픈 공주를 구한 삼 형제에 관한 이야기입니다. 삼 형제가 각각 가지고 있는 보물로 공주를 어떻게 구하는지 살펴보고, 공주를 구하는 삼 형제의 모습을 통해 배울 수 있는 교훈은 무엇인지 파악하며 글을 읽을 수 있도록 합니다.

- ◆ 공주의 병을 고친 인물을 찾아 색칠해요.
- ◆ 삼 형제가 가지고 있는 보물에 각각 밑줄을 그어요.

1 어느 나라 임금님에게 공주가 있었습니다. 그런데 공주가 병에 걸렸습니다. 임금님은 나라 안의 이름난 의사들을 모두 불렀지만 아무도 공주의 병을 고치지 못했습니다. 슬픔에 잠긴 임금님은 마지막 수단으로 궁전 앞에 다음과 같은 포고문을 붙이도록 했습니다. ▶ 병에 걸린 공주를 치료하기 위해 포고문을 붙인 임금

> 내 귀한 딸이 큰 병에 걸려 죽어 가고 있다.
> 내 딸의 병을 낫게 하는 사람에게 큰 상을 내리겠다.

2 이 나라의 시골에는 삼 형제(중심인물)가 살고 있었습니다. 이 삼 형제는 보물을 하나씩 가지고 있었습니다. 첫째는 어디든지 볼 수 있는 마법 망원경(첫째의 보물)을, 둘째는 어디든 날아갈 수 있는 마법 양탄자(둘째의 보물)를, 셋째는 먹기만 하면 무슨 병이든 낫는 마법 사과(셋째의 보물)를 가지고 있었습니다. 어느 날 첫째가 마법 망원경으로 임금님이 붙인 포고문을 발견했습니다.(아픈 공주를 구한 첫째의 역할)

『"둘째야, 셋째야, 공주가 너무 불쌍하구나. 우리가 공주를 돕자."

"제 마법 사과를 먹으면 금방 병이 나을 거예요."

"공주가 죽어 가고 있다니 내 마법 양탄자를 타고 어서 궁전으로 가요."』

『 』: 공주가 아프다는 것을 알게 된 삼 형제의 반응

마법 양탄자를 탄 삼 형제는 금세 궁전에 도착했습니다.(아픈 공주를 구한 둘째의 역할) ▶ 힘을 합쳐 공주의 병을 고치기 위해 궁전에 간 삼 형제

3 "너희들이 어떻게 공주의 병을 낫게 하겠다는 것이냐?"

"공주님께서 제 사과를 드시기만 하면 병이 나을 것입니다."

임금님은 셋째의 말을 믿기 어려웠지만 지푸라기라도 잡는 심정으로 사과를 공주에게 먹였습니다.(아픈 공주를 구한 셋째의 역할) 그러자 신기하게도 공주의 병이 말끔히 나았습니다. 너무나 기쁜 임금님은 약속한 대로 삼 형제에게 큰 상을 내렸습니다.
▶ 공주의 병을 고친 삼 형제에게 큰 상을 내린 임금

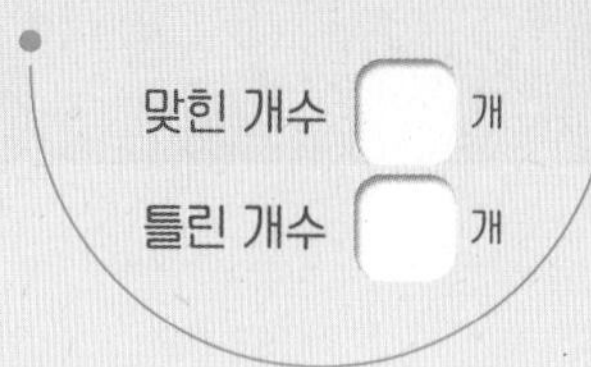

글을 이해해요

본문 97쪽

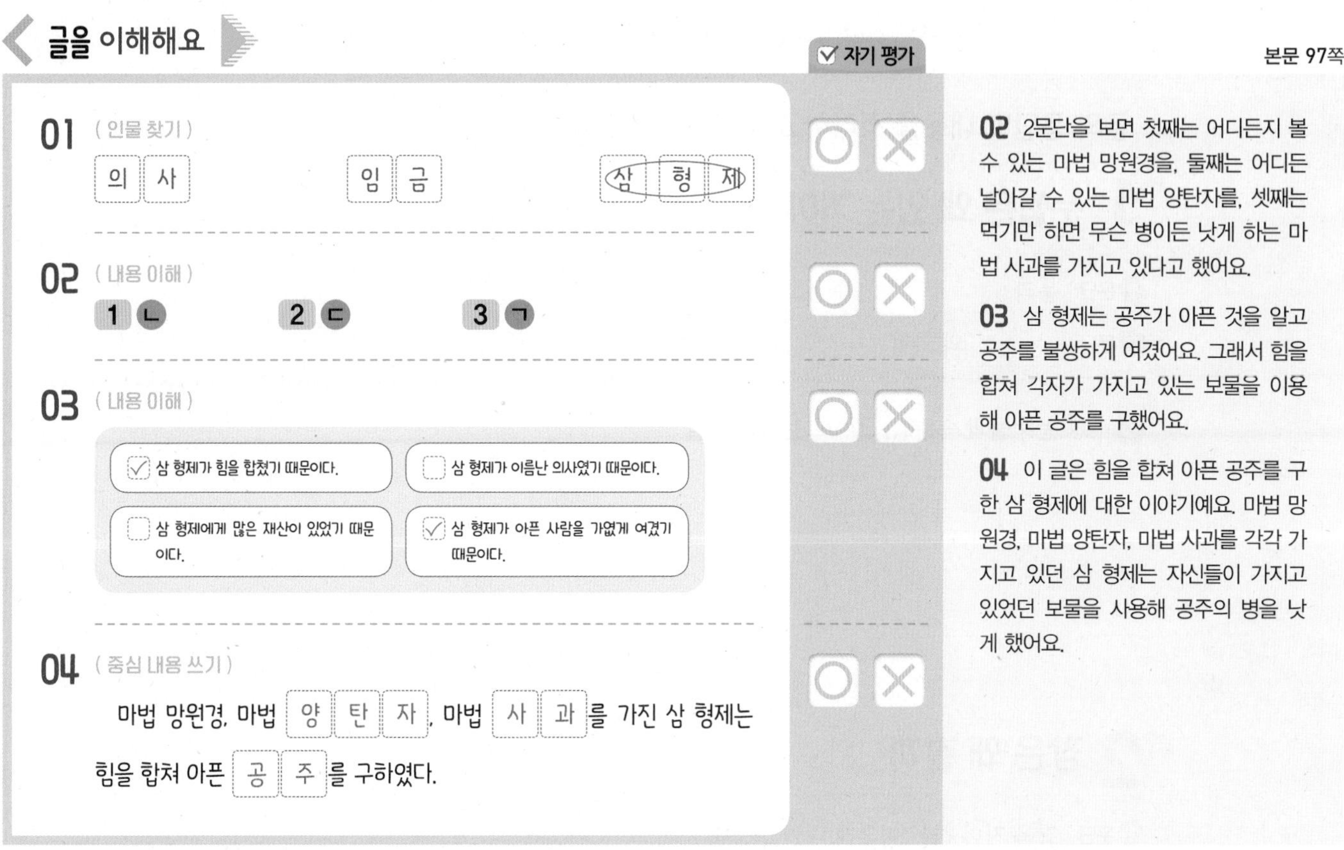

02 2문단을 보면 첫째는 어디든지 볼 수 있는 마법 망원경을, 둘째는 어디든 날아갈 수 있는 마법 양탄자를, 셋째는 먹기만 하면 무슨 병이든 낫게 하는 마법 사과를 가지고 있다고 했어요.

03 삼 형제는 공주가 아픈 것을 알고 공주를 불쌍하게 여겼어요. 그래서 힘을 합쳐 각자가 가지고 있는 보물을 이용해 아픈 공주를 구했어요.

04 이 글은 힘을 합쳐 아픈 공주를 구한 삼 형제에 대한 이야기예요. 마법 망원경, 마법 양탄자, 마법 사과를 각각 가지고 있던 삼 형제는 자신들이 가지고 있었던 보물을 사용해 공주의 병을 낫게 했어요.

어휘를 익혀요

본문 98~99쪽

01 1 ㄴ 2 ㄷ 3 ㄹ 4 ㅁ 5 ㄱ

02 1 수단 2 망원경 3 보물

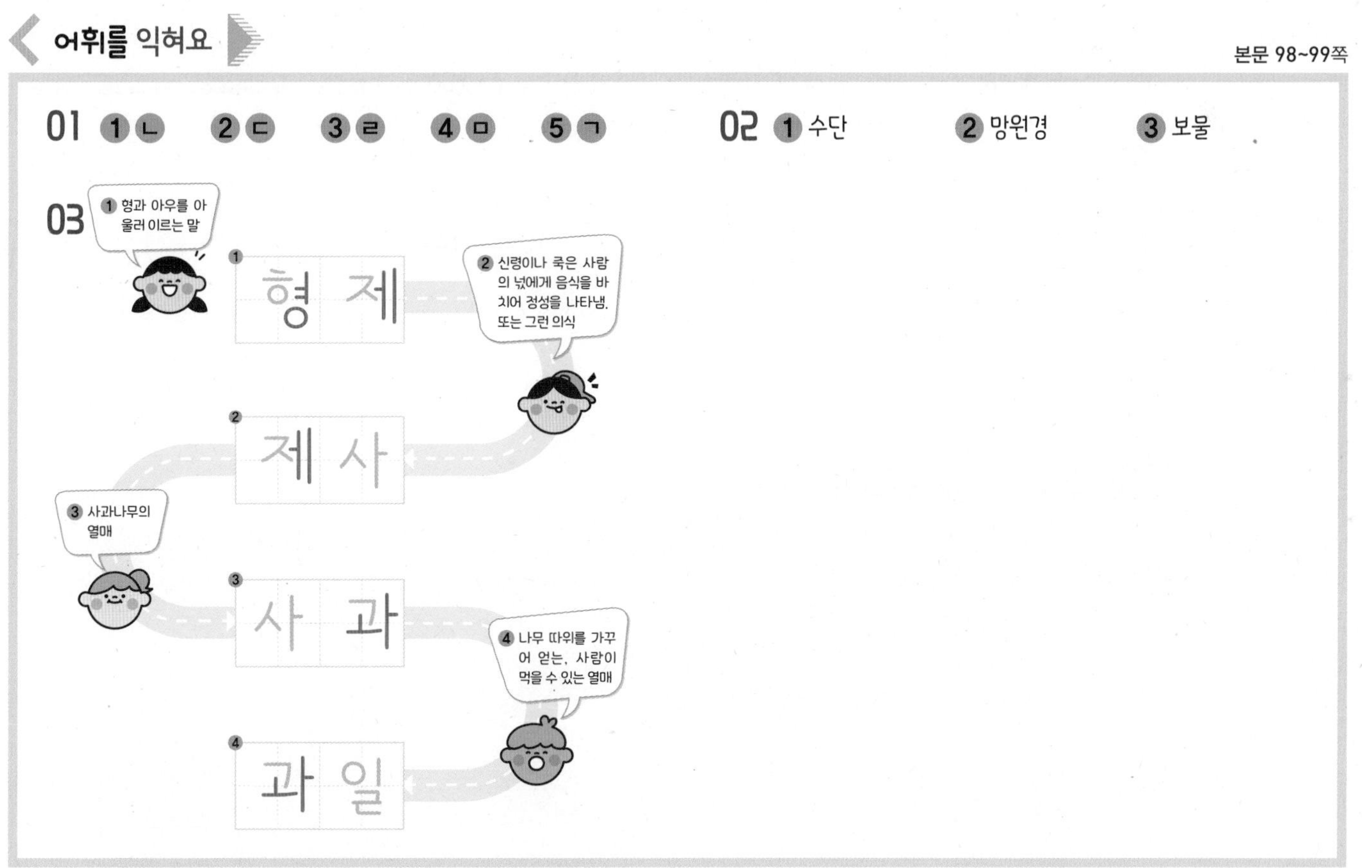

실력 확인

실력 확인 104쪽

△ 글의 문단별 내용을 정리하고 주제를 써 보아요.

01 눈썹은 왜 있는 거야

본문 8쪽

1 문단 눈과 눈 꺼 풀, 속눈썹의 역할

2 문단 눈 썹 의 역할

주제 눈꺼풀과 속눈썹, 그리고 눈썹의 역할

02 잠은 왜 잘까

본문 12쪽

1 문단 잠을 자야 하는 이유에 대한 궁금증 제시

2 문단 잠을 자야 하는 이유 ①: 몸 이 쉴 수 있음

3 문단 잠을 자야 하는 이유 ②: 기 억 을 정리할 수 있음

4 문단 잠을 자야 하는 이유 ③: 몸에서 여러 가지 호 르 몬 이 나옴

주제 사람이 잠 을 자야 하는 이유

03 20시는 몇 시일까

본문 16쪽

1 문단 하 루 24시간에 대한 설명

2 문단 오전 12시간과 오후 12시간에 대한 설명

주제 오전과 오 후 로 나누어지는 하루 24시간

실력 확인 105쪽

04 어떤 글자를 쓸까요

본문 20쪽

1문단 글자의 종류 ①: 알 파 벳

2문단 글자의 종류 ②, ③: 한 자, 한글

주제 알파벳, 한자를 쓰는 언어 및 우리나라에서 쓰는 한 글

05 세 농부 이야기

본문 24쪽

1문단 잡 초를 뽑는 세 농부와 대화하는 원님

2문단 논에 풍작이 든 세 번째 농부에게 상을 내린 원님

주제 서로 다른 마 음으로 일한 세 농부의 이야기

06 걷기도 운동이야

본문 32쪽

1문단 유 산 소 운동인 걷기 운동 소개

2문단 걷기 운동의 여러 가지 장점

3문단 걷기 운동의 올바른 자 세

주제 걷 기 운동의 장점과 올바른 자세

실력 확인

실력 확인 106쪽

07 아이스크림을 만들어요

본문 36쪽

1문단 아이스크림의 기본 재료인 베 이 스 소개

2문단 아이스크림을 만드는 과정

3문단 아이스크림을 부 드 럽 게 만드는 방법

주제 아 이 스 크 림의 재료와 아이스크림을 만드는 방법

08 올챙이가 개구리가 돼요

본문 40쪽

1문단 개구리 알의 모양과 개구리가 알을 많이 낳는 이유

2문단 개구리 알에서 올 챙 이가 되는 과정

3문단 올챙이에서 개 구 리가 되는 과정

주제 알에서 태어난 올챙이가 개구리가 되기까지의 과정

09 말하는 돌고래

본문 44쪽

1문단 돌 고 래를 가장 똑똑한 동물로 꼽는 이유

2문단 돌고래가 말하는 방법

3문단 사는 곳에 따라 사용하는 말이 다른 돌고래

주제 돌 고 래의 뛰어난 언어 능력

실력 확인 107쪽

10 저금을 해요

본문 48쪽

1문단 저 금 의 뜻과 방법
2문단 저금을 잘하는 방법: 목 표 정하기
3문단 저금을 해야 하는 이유 및 저금하는 습 관 을 기르면 좋은 점

주제 저금을 하는 방법과 저금을 해야 하는 이유

11 올바른 약 먹기

본문 56쪽

1문단 약을 올바르게 먹는 방법 ①: 사 용 기한 확인하기
2문단 약을 올바르게 먹는 방법 ②: 약을 먹는 시 간 확인하기
3문단 약을 올바르게 먹는 방법 ③: 물 과 함께 먹기

주제 약 을 올바르게 먹는 방법

12 가을엔 왜 단풍이 들까

본문 60쪽

1문단 가을에 단 풍 이 드는 이유
2문단 가을에 나뭇잎 속 엽 록 소 의 양이 줄어드는 이유

주제 가 을 이 되면 단풍이 드는 이유

실력 확인

실력 확인 108쪽

13 가짜 꽃과 진짜 꽃

본문 64쪽

1 문단 진짜 꽃과 가짜 꽃이 있는 식물 ①: 산 수 국

2 문단 진짜 꽃과 가짜 꽃이 있는 식물 ②: 삼 백 초

3 문단 산수국과 삼백초가 가 짜 꽃을 피우는 이유

주제 가짜 꽃을 피워 곤 충 을 유인하는 산수국과 삼백초

14 도깨비가 아니라니

본문 68쪽

1 문단 오 니 와 도깨비의 모습

2 문단 오니와 도깨비의 성격

3 문단 사람들이 오니와 도 깨 비 를 같다고 생각하게 된 이유

주제 일본의 오니와 다른, 우리나라 도깨비의 특징

15 냄새 맡은 값

본문 72쪽

1 문단 가난한 사람에게 고기 냄새를 맡은 값을 내라고 한 부 자

2 문단 고기 냄새를 맡은 값으로 엽 전 흔드는 소리를 들려준 아들

주제 고기 냄새를 맡은 값으로 엽전 소리를 들려준 지혜로운 아 들 의 이야기